GERMANIJA

Dmitrij Belkin, geboren 1971 in der Ukraine (damals UdSSR), kam 1993 als »Kontingentflüchtling« nach Deutschland. In Tübingen schloss er sein bereits in der Ukraine begonnenes Studium der Geschichte und Philosophie mit Promotion ab. Nach Stationen am Max-Planck-Institut für Rechtsgeschichte, beim Jüdischen Museum Frankfurt, beim Fritz Bauer Institut und einem Jahr in den USA ist er heute als Referent beim jüdischen Ernst Ludwig Ehrlich Studienwerk und als Publizist in Berlin tätig, wo er mit seiner Familie lebt.

Dmitrij Belkin

GERMANIJA

Wie ich in Deutschland
jüdisch und erwachsen
wurde

Campus Verlag
Frankfurt/New York

Editorische Notiz: Einige Namen wurden geändert.

ISBN 978-3-593-50580-0 Print
ISBN 978-3-593-43434-6 E-Book (PDF)
ISBN 978-3-593-43454-4 E-Book (EPUB)

Copyright © 2016 Campus Verlag GmbH, Frankfurt am Main
Umschlaggestaltung: Wolfgang Buechs, Frankfurt am Main
Satz: Campus Verlag GmbH, Frankfurt am Main
Gesetzt aus: Scala und Scala Sans
Druck und Bindung: Beltz Bad Langensalza GmbH
Printed in Germany

www.campus.de

Meinen Eltern gewidmet

Inhalt

Vorwort

In Gurzuf, auf der Krim, die 1995 nicht mehr UdSSR und noch nicht wirklich Ukraine ist, weht eine wundervolle milde Brise. Das Meer ist dunkel (Schwarzes Meer!), aber selten bedrohlich. Die alten tatarischen Straßen wirken romantisch, sie sind kaputt und geheimnisvoll, die Zypressen und Tannen in den sowjetischen Parks stehen Spalier. Meine Frau Ljuda und ich leben seit knapp zwei Jahren in Deutschland. Wir kamen als jüdische Kontingentflüchtlinge aus der Ukraine, die erst seit vier Jahren als ein unabhängiger Staat existiert. Kontingentflüchtlinge heißen in Deutschland die Flüchtlinge, die kein Asyl- oder anderes Anerkennungsverfahren durchlaufen müssen, sondern fast umgehend eine Aufenthaltserlaubnis erhalten. Zu den zahlenstärksten Gruppierungen von Kontingentflüchtlingen zählten die vietnamesischen »Boatpeople«, die in den Achtzigerjahren nach Deutschland kamen, sowie Juden aus den Nachfolgestaaten der Sowjetunion, die dieses Land ab 1991 erreichten. Und natürlich ein Teil der Flüchtlinge aus Syrien, die wir erst seit dem Spätsommer 2015 bemerkten, als es so viele wurden – auch von ihnen wird später noch die Rede sein. Kontingentflüchtlinge werden nach dem so genannten »Königsteiner Schlüssel« auf die einzelnen Bundesländer verteilt. Ljuda und ich sind in der beschaulichen Universitätsstadt Tübingen gelandet. Meine Eltern leben zu dieser Zeit noch in der Ukraine. Wir besuchen sie und verbringen zwei Urlaubswochen auf der Krim.

Die Krim wirkt mit ihrer leicht lethargischen und majestätischen Natur nicht nur wie eine schlafende Schöne – sie ist in dieser Saison zugleich hochgradig kriminell. Geweckt wird die Schöne regelmäßig und unsanft durch Schüsse und Explosionen. Die Sowjetunion ist soeben zerfallen, viele sind an diversen Filetstücken, die angeblich schlecht und zugänglich umherliegen, interessiert. Auch die gewöhnlichen Diebe. Unsere Ferienanlage wird an diesem frühen Nachmittag, der in der Ex-UdSSR nicht existierenden Siesta, bestohlen, wir haben die Räuber, die durch das Gelände zogen, noch von hinten gesehen. In der Mülltonne vor unserem Häuschen finden wir einen Dietrich, mit dem sie die eher symbolischen Schlösser der Nachbarhäuser ohne Probleme aufgemacht haben.

Ein junger, vielleicht 25-jähriger Polizist befragt uns als Zeugen. Am Ende möchte er wissen, wo wir wohnen.

»Tübingen, Deutschland«, sagen wir.

Der Mann macht das Protokoll fertig, unterschreibt es selbst und gibt es uns zum Unterschreiben.

»Familie Belkin«, lesen wir darin, »wohnhaft in Thüringen, DDR.«

Womöglich diente er in den späten Achtzigern irgendwo in der DDR, und vielleicht würde er, schon als reifer Mann, 2014 für die auf eine wenig legale Weise wieder russisch gewordene Krim kämpfen. Die Uhr wurde gewaltsam zurückgedreht, und Menschen landeten wieder in ihrem verschwundenen Land. »Thüringen, DDR« anstatt »Tübingen, Deutschland«, »Krim, UdSSR (heute «Russland» genannt)« anstatt »Krim, Ukraine«, wie es nach dem Zerfall der Sowjetunion hieß.

Szenenwechsel. Reutlingen, Baden-Württemberg, 1984, also ein Jahr vor der Krimreise, es sind meine ersten Monate in Deutschland. Ich quäle mich in der reichen schwäbischen Provinz und frage jemanden auf der Straße nach dem Weg. Ein etwa fünfzigjähriger Reutlinger erklärt mir die Route. Er kennt sich gut aus.

»Wo kommen Sie her?«, fragt mich der Mann anschließend.

»Aus der Ukraine«, lautet meine Antwort.

»Dort, wo es gerade einen Krieg gibt«, sagt der Mann verständnisvoll und meint doch die serbische Krajina, dieses politische Gebilde, das zwischen 1991 und 1995, während des Kroatienkrieges, existierte. Wir sind mitten im jugoslawischen Bürgerkrieg, und die groben, fußballerisch starken Jungs, mit denen ich in Reutlingen ab und an kicke, kommen direkt von dort. Noch weiß kaum einer in Deutschland, wo genau die Ukraine überhaupt liegt. Tschernobyl assoziieren die meisten mit der untergehenden Sowjetunion, die Klitschko-Brüder werden erst etwas später gesamtdeutsche Popularität erlangen. Noch spielt es keine Rolle, wo die Grenze des politisch und geografisch Wahrnehmbaren verläuft. »Kraj« heißt Grenze, es ist die Wurzel sowohl des Wortes »Krajina« als auch des Wortes »Ukraine«.

Wir wurden als Juden nach Deutschland »eingeladen« – so nennen es die Älteren in unserer Einwanderergruppe, vielleicht auch, um die soziale Unterstützung seitens des deutschen Staates, die sie beanspruchen und benötigen, für sich zu legitimieren. Diese Formulierung, »als Juden in Deutschland, im Land des Holocaust« willkommen zu sein, hat mich von Anfang an zerrissen. Etwa eine Viertelmillion Juden kommt zwischen 1990 und 2005 auf diesem »jüdischen Ticket« nach Germanija, in das wiedervereinigte Deutschland, das die Schuldgefühle und die staatlich sanktionierte und finanzierte Erinnerungskultur an den Holocaust zwar schon länger pflegt, aber in den frühen Neunzigerjahren mit ganz anderen Themen beschäftigt ist – zum Beispiel mit der Abwicklung der

DDR, mit der Annäherung zwischen Ost und West, mit dem Finden einer neuen Rolle in Europa. Die Juden reisen in ein wiedervereinigtes Land, das sich in einem großen Umbruch befindet.

Juden?! Viele Deutsche dachten, es würde reichen, einen Teil der zwei bis zweieinhalb Millionen Juden aus der späten Sowjetunion zu holen, um in einem zivilisierten, von Schuldgefühlen geplagten Deutschland wieder jüdisches Leben zu ermöglichen. Sie dachten, sie retten uns vor Antisemitismus und Totalitarismus und tun damit etwas für ihr Gewissen.

Für uns Neuankömmlinge stellte sich das anders dar. Wir hatten in unserem Sowjetleben ein durchaus funktionierendes politisches und ideologisches System gehabt, das aktiv und vital war – für diejenigen, die sich mit ihm arrangiert haben. Die Menschenrechte und die politische Gewaltenteilung waren dabei leider nicht entscheidend, menschliche Gefühle und menschliche Nähe dagegen schon. Wir wärmten uns an uns selbst, draußen und in den Wohnungen war es ja kalt. Oft war diese menschliche Wärme unerträglich, meistens war sie ermüdend und distanzlos, doch sie war auch rettend. Genauso wie das Gefühl, einem Sechstel der Erde anzugehören, das von außen »Reich des Bösen« genannt wurde. »Selber böse!«, wollte man laut schreien. Doch wir schrien nicht, es war eine schweigsame Zeit – Facebook und Twitter existierten noch nicht. Wir lebten, hofften, liebten – wie überall sonst, auch in Deutschland. Und, ja: Wir waren jung, aber schon »Veteranen« des Kalten Krieges. Der Eiserne Vorhang war Teil unseres Lebens und verschwand auch nach der Perestrojka nicht gleich.

Ein erstes Missverständnis der Einladung von deutscher Seite an die so genannten Kontingentflüchtlinge bestand darin, dass man Juden erwartete, aber Sowjetmenschen bekam: häufig atheistisch, arm, belesen und müde. Der staatliche und vor allem der Alltagsantisemitismus hielten uns zusammen und verbaten uns, unser tatsächliches oder imaginiertes jüdisches Naturell zu vergessen. Denn viele von uns – wie auch ich – waren das Produkt einer Ehe zwischen einem Juden und einer Nichtjüdin. Das heißt, jüdisch genug, um nach Germanija einzureisen, aber nicht jüdisch genug, um dem deutschen Stereotyp eines Juden zu entsprechen.

Wir kannten zwar die jüdischen Namen sowjetischer Schriftsteller (Ilja Erenburg, Josef Brodsky) und Musiker (Isaak Dunajewsky, David Ojstrach) und freuten uns, dass es sie gab. Wir konnten auf Jiddisch schimpfen und erlaubten uns ab und zu »Geheimaktionen«, die für die übrige sowjetische Öffentlichkeit verborgen blieben. Wir konnten etwa in einem Lebensmittelgeschäft fragen: »Hast du GELD?« (anstelle des russischen *den'gi*) oder durch eine Frage – »Ist sie meschugge?« – einem jüdischen Gesprächspartner ein geheimes Verständnis ermöglichen, das den anderen verborgen blieb.

Viel mehr aber nicht. Wir hatten uns russifiziert: Viele Juden waren die größten Liebhaber der russischen Kultur. Sowjetisiert: Hunderttausende haben sich mit dem System identifiziert, ja dieses bewusst mitaufgebaut. Auch christianisiert: buchstäblich und in jedem Fall intellektuell.

Waren diese Wirren der Assimilation ausschlaggebend für die damalige Entscheidung vieler Juden, nach Deutschland zu kommen? In ein Land, in dem es nach Vorstellung vieler nie wieder ein jüdisches Leben hätte geben dürfen? In ein Land, das von uns irgendwo zwischen Goethe und Hitler imaginiert wurde? Ich kann das nur für mich selbst beantworten: Ich wollte frei sein, ich wollte in Europa Geisteswissenschaften studieren, ich wollte die Welt kennen lernen, die jenseits des oben erwähnten Eisernen Vorhangs lockte. Ich glaube nicht, dass ich einem weit verbreiteten Vorurteil über die jüdische Emigration entsprach: Demnach seien die Jüdischsten (Natan Scharanski, der israelische Politiker) nach Israel, die Dynamischsten (Sergey Brin, Co-Gründer von Google) nach Amerika und die anderen nach Deutschland emigriert. Vielleicht waren es eher die Europäischsten, die nach Germanija gingen. Es gab da diesen vielversprechenden Wind der Veränderung, der in den Neunzigerjahren einen unheimlichen Sog entwickelte, dem auch ich mich nicht entziehen konnte: Es zog förmlich in Europa, das sich bald vom Atlantik bis zum Ural erstrecken sollte, die Türen schlugen auf und zu. Man witterte eine Chance, ohne diese rational definieren zu können – oder an die Folgen dieser Chance zu denken.

Auf wen ich in der Fremde treffen würde, interessierte mich zunächst wenig. Ich ging einfach davon aus: In Deutschland leben die Deutschen. Diese Erkenntnis genügte fürs Erste, auch wenn sie nach dem Holocaust nichts Gutes implizierte.

Zwanzig Jahre später entsteht nun dieses Buch, und erstaunlicherweise muss ich heute feststellen: O Schreck, ich mag Germanija! Darf ich das denn? Um dies herauszufinden, habe ich mich aufgemacht auf eine Erinnerungsreise von der Vergangenheit bis in die Gegenwart, in der ich nachspüre, wie ich in Deutschland jüdisch und erwachsen wurde.

I.
GERMANIJA BEGINNT

Dnepropetrowsk – Krim – Moskau –
Kiew – Karlsruhe – Reutlingen

Deutsche Botschaft: Herr Schatz entscheidet

Den ersten Besuch einer deutschen Botschaft unternahm ich, indem ich das Land wechselte: Ich fuhr von Kiew nach Moskau. Das war 1992, Moskau war zwar die Hauptstadt – aber inzwischen die eines anderen Landes, denn die Ukraine war im Jahr zuvor ein unabhängiger Staat geworden. In Moskau ging ich von Botschaft zu Botschaft: USA, Kanada, Australien. Man braucht direkte Verwandte (USA) oder gewisse Geldsummen, um Punkte für die Aufnahme zu sammeln (Kanada). Ich fragte afrikanische Studenten, deren Länder ich gar nicht kannte, ob auch bei ihnen eine Aufnahme möglich sei. Sie wussten es nicht.

Die Mitarbeiterin in der deutschen Botschaft, sie blieb mir als »Frau Heike« in Erinnerung, teilte mir in einem Deutsch mit, das ich halbwegs verstand: Hitler habe auch Juden väterlicherseits verfolgt (und ich bin einer), deswegen werde das Land auch diesen Personenkreis aufnehmen. Doch als Neu-Ukrainer musste ich mit allen meinen Fragen in eine für mich zuständige Botschaft: in die der Bundesrepublik in der Ukraine.

Mein Deutschland begann also in Kiew. Eine zentral gelegene, ruhige Straße in der Nähe des Hauptbahnhofs, aber jenseits seiner schmuddeligen Ecken. Alte Kiewer Bäume, die Tschernobyl überstanden haben, »Stalinhäuser« – das Beste, was es in der UdSSR zum Wohnen gab. Die Tschkalow-Straße – nach einem Piloten der Stalin-Zeit benannt, ein sowjetischer Mythos – wurde noch in den Neunzigerjahren umbenannt. Sie trug jetzt den Namen des guten, zerrissenen, trinkenden, 1995 verstorbenen ukrainisch-sowjetischen Schriftstellers Oles Hontschar. Heute, im Zuge einer radikalen Dekommunisierung in der Ukraine, der Tausende von Straßen- und Städtenamen zum Opfer fallen, hätte sich der Autor, der vor allem die Erfahrungen der sowjetischen Kriegsgeneration beschrieb, nicht mehr für einen Straßennamen qualifiziert.

Auf der linken Seite, vom Bahnhof kommend, liegt die Botschaft des wiedervereinigten Deutschland. Anfang der Neunzigerjahre baute man auf der gegenüberliegenden Seite ein provisorisches Häuschen, in dem der konsularische Mitarbeiter Kurt Schatz arbeitete, einer der wenigen Ostdeutschen, die von der nach der Wende entstandenen gesamtdeutschen Botschaft übernommen wurden. Schatz entschied mit über unsere Zukunft – die der neu-ukrainischen Juden.

Er schaffte es, mehr als 40 000 Anträge aufzunehmen und etwa genauso viele Gespräche zu führen. Schatz sprach ein sehr passables Russisch und verwaltete, verwaltete, verwaltete die Emotionen, Papiere und Geschichten – echte und erfundene – der ukrainischen, de facto natürlich auch sowjetischen Juden.

Viele Jahre später traf ich Kurt Schatz wieder. Er erzählte aus seiner Perspektive, was ich vor zwei Jahrzehnten selbst erlebt hatte: von den Geldern, die ihm angeboten wurden und die er angeblich nie angenommen hat, vom Chaos vor der Botschaft und von der Mafia dort, die Plätze in der Schlange verkaufte, von den Ausreisewilligen aller Nationalitäten der ehemaligen UdSSR und der Notwendigkeit, in dieser Schlange »seine« Juden zu finden. Wie er aus seinem Häuschen heraustrat und laut rief: »Jüdische Bürger, zu mir!«

Und wir kamen, die jüdischen Bürger. Zu einem deutschen Beamten, der mitten in Kiew die Juden zusammenrief.

Meine Ausreise verdanke ich dem paradoxen 20. Jahrhundert und den dramatischen, oft tragischen Wirren um die ewige Frage: Wer ist Jude?

Kurt Schatz stand in engem Kontakt zum Oberrabbi in Kiew. Dieser, einer der ersten Lubawitscher Rabbiner in der Ukraine, erklärte Kurt Schatz, dass Jude sei, wer eine jüdische Mutter habe. Schatz handelte nach diesen Regeln, die mir, dem Sohn eines jüdischen Vaters, kaum eine Ausreisemöglichkeit geboten hätten. Doch in der neu formierten gesamtdeutschen Botschaft war ein Telegramm eingetroffen, das über ein Treffen zwischen Bundeskanzler Helmut Kohl und dem Präsidenten des Zentralrats der Juden in Deutschland, Heinz Galinski, informierte. Im Gespräch mit dem Bundeskanzler habe auch Heinz Galinski die traditionelle Auffassung vertreten: Jude sei, wer eine jüdische Mutter habe. Zugleich, wusste Schatz, habe sich Galinski aber auch gegen eine weitere mögliche »Selektion« von Juden gewehrt.

Helmut Kohl habe daraufhin angedeutet, die Nationalsozialisten hätten nicht zwischen der Herkunft mütter- oder väterlicherseits unterschieden, also seien auch die Kinder jüdischer Väter aufzunehmen. 2009 in Berlin hingegen erzählen mir die Mitarbeiterinnen der jüdischen Gemeinde, wie hart Galinski gegen Kohl um »alle Juden« gekämpft habe. Nun, sei's drum – wie es wirklich war, werden wir heute nicht mehr feststellen. Die Kompromissentscheidung der ewigen Frage – »Wer ist Jude?« – fiel jedenfalls zu meinen Gunsten aus. Mein Schicksal war besiegelt.

Mein Gespräch mit Kurt Schatz an jenem Herbsttag des Jahres

1992 drehte sich vor allem um den Antisemitismus, von dem ich aus meiner persönlichen Biografie zur Genüge zu berichten wusste, ohne übertreiben zu müssen.

Das »jüdische Aussehen« ist in Deutschland kein Thema, da hoffnungslos nationalsozialistisch besetzt. Anders in der UdSSR, wo sowohl Juden als auch Antisemiten gut wussten (oder zu wissen glaubten), wie ein Jude auszusehen hat. Was im Deutschland des 21. Jahrhunderts zu den für mich bis heute leicht lästigen, aber auch durchaus lustigen Fragen von Unbekannten – »Dmitrij, sind Sie eigentlich Grieche, Iraner oder Italiener?« – führt und auf mein »südländisches« Aussehen zurückgeht, lief in der späten Sowjetunion auf die eindeutige Diagnose hinaus: »Ein Jude!« So erlebte ich zum Beispiel, wie der Stürmer einer gegnerischen Mannschaft im Jahr 1984, nach der Niederlage seines Teams in unser Mannschaftszimmer kam und ein Glas Marmelade brachte. Aus Respekt vor der Leistung unserer Mannschaft. »Aber gebt nichts dem Juden«, ergänzte der unserer siegreichen Mannschaft gegenüber so respektvolle Gast, den ich vorher im Spiel gänzlich ausgeschaltet hatte.

War das antisemitisch? Eine rhetorische Frage.

Es gab noch viele andere Geschichten, die ich Schatz erzählen konnte. Mein Bericht schien (und offen gestanden scheint) mir etwas ambivalent – mit eigener Betroffenheit als Argument erreicht man eher nicht die eigenen Ziele, zumal im verwaltungstechnischen Bereich, in dem es sachlich zugehen soll. Doch ich musste weg. Ich wollte die kurzfristige Gelegenheit nutzen, Germanija kennen zu lernen, dort zu studieren, die »europäische Bildung« zu genießen und dennoch jede Minute zurückgehen zu können. Das waren meine Pläne, von denen ich Kurt Schatz an diesem Kiewer Morgen des Jahres 1992 und nach einer gnadenlosen Schlange vor der Kiewer Botschaft nicht erzählen konnte und durfte. Zu groß war meine Sorge, dass diese Vorstellung das Bild vom verfolgten Juden zunichte machen und das ersehnte und schon so greifbar nahe Visum gefährden würde.

Und so spiegelte mein Gespräch mit Kurt Schatz in gewisser Hinsicht meine eigene Ambivalenz gegenüber dem deutsch-jüdischen Thema wider, war ich mir doch selbst nicht so recht im Klaren über meine religiöse Identität, über meine Gefühle gegenüber Deutschland und seiner Bürokratie, die sich zumindest hier von ihrer freundlichen Seite zeigte.

Abschied von der UdSSR

Meine ersten Berührungen mit Deutschland hatte ich noch vor dem Besuch in der Moskauer Botschaft: Bereits 1991 – als ich über die Ausreise nachdachte – beschloss ich, zunächst schon mal Deutsch zu lernen, zumal ich mir damit auch die Sprache meiner Lieblingsdichter und -philosophen aneignen würde. Wenn ich ihre Texte erst im Original lesen könnte, so meine Hoffnung, dann würde ich auch ihr Leben und ihre Bücher besser verstehen.

Also machte ich mich auf in die 14. Etage des hässlichen Uni-Hochhauses von Dnepropetrowsk – für mich, den Historiker aus dem 5. Stock, ein weiter Weg. Dort, bei den Philologen, lernte ich zu meinem Glück Jelena Adamowna kennen. Sie wurde meine Deutschlehrerin, und das in einer Zeit, in der Sprachkurse absolute Mangelware waren, da immer mehr Ausreisewillige sich vorbereiten wollten und Kurse immer teurer und immer schlechter wurden.

Jelena Adamowna war eine der wenigen deutschen Muttersprachlerinnen in unserer Stadt und stammte aus einer deutschen Familie. Wegen dieser Herkunft litt sie unter den allseits bekannten Schwierigkeiten. Dass sie trotzdem an der Universität tätig war und uns pünktlich um 18 Uhr zweimal pro Woche zum Deutschkurs begrüßte, grenzte an ein Wunder. Das Deutschland, das Jelena Adamowna uns zeigte, war freundlich und hatte sehr viel mit Alltag zu tun. Mit dem Alltag, den wir, die jungen Intellektuellen aus ihrem Kurs, verachteten, da er bei uns einfach zu furchtbar war.

Jelena Adamowna kannte Deutschland, weil sie schon einige Delegationen in die BRD begleitet hatte – sie mochte das Land und wahrte in ihren Beschreibungen gleichzeitig eine gewisse Distanz dazu. Deshalb war das Bild, das sie uns vermittelte, sehr viel glaubwürdiger als alles, was wir in der Schule gehört hatten, was wir in der Zeitung darüber lasen oder was uns die Kriegsveteranen erzählt hatten. Mit ihrer zurückhaltenden Art, aber auch mit ihrer Ruhe und Verlässlichkeit, brachte unsere Lehrerin mir nicht nur die Sprache nahe, sondern zeigte auch Charakterzüge, die ich bis heute für eine spezifisch deutsche Mentalität halte: Pünktlichkeit, Genauigkeit und eine gewisse Hartnäckigkeit.

Jahre später landete Jelena Adamowna als Spätaussiedlerin in der badischen Provinz, an der Grenze zur Schweiz, weit entfernt von ihrer Familie und ohne Arbeit für die inzwischen Sechzigjährige – sie wurde traurig und depressiv, während wir, ihre einstmals faulen Schüler, in Deutschland eine gewisse Dynamik entwickelten. Wir waren jung, das war der entscheidende Vorteil.

Da vor meinen Augen gerade das große Land, die UdSSR, zerfiel und alles ziemlich in Bewegung war, wurden auch die Bilder von Deutschland denkbar unübersichtlich. Die Unübersichtlichkeit begann schon in meiner Familie: Meine Mutter war der Hauptmotor meiner Auswanderung und riet mir zu; obwohl sie eigentlich nicht wollte, dass ich in die Ferne ging, wünschte sie sich – wie vermutlich die meisten Mütter – eine bessere Zukunft für mich als das, was unser Land für uns bereithielt. Auch mein Vater riet mir zur Ausreise, doch er äußerte ähnliche Bedenken wie meine Großmutter: »Sie werden euch (Juden) wieder alle versammeln, und dann geht die Geschichte von vorne los«, warnten beide.

Mein Bild von Deutschland hatte sich zunächst gespeist aus den Bekanntschaften mit DDR-Studentinnen, die noch vor der Wende in unsere Stadt gekommen waren: Sie trugen tolle, für uns unerschwingliche Klamotten, waren aber meist riesengroß und entsprachen, nicht nur deshalb, so gar nicht meinem Geschmack. Ansonsten war mir nur noch aufgefallen, wie solide das Geländer vor der deutschen Botschaft wirkte: echte deutsche Qualitätsarbeit, die mich beeindruckte, aber auch ein bisschen einschüchterte. Was war das für ein Land, in das ich mich nun verabschieden wollte? Ich musste jemanden finden, der mir etwas konkretere Information über Deutschland aus erster Hand liefern konnte.

Also traf ich mich mit einem Ukrainer, der seit einem Jahr als Kontingentflüchtling in Deutschland lebte und zu Besuch in seiner Heimat war. Er hatte sich bereit erklärt, mir von Deutschland zu erzählen. Wir trafen uns vor dem erst kürzlich abgerissenen Lenin-Denkmal am Kirow-Prospekt, der in Kürze umbenannt werden sollte. Der Mann wirkte still, aber souverän. Er lobte, ohne zu loben, wollte begeistern, ohne begeistert zu sein. Er erzählte, dass man in Deutschland nicht arbeiten muss. Wenn man nicht will, könne man einfach so leben und eine staatliche Unterstützung kassieren, die höher, viel höher als das durchschnittliche Gehalt in unserem kaputten Land sei.

All das hörte ich im Jahr 1992, dem Jahr des totalen Untergangs – der Sowjetunion, der Wirtschaft der neuen Ukraine, der Lebensmittelversorgung, der sozialen Infrastruktur. In den Wohnungen war es kalt, das öffentliche Leben funktionierte nur noch unzureichend, die Verwaltung war unzuverlässig, und auch an der Uni wusste man nicht, ob der Kurs, für den man angemeldet war, in der nächsten

Woche noch stattfinden würde. So kam dieser Bericht für mich einem Wunder gleich und schien mir doch etwas seltsam: ein Land des ewigen Urlaubs? Und keiner tut dir was? Doch warum wirkte der Mann so wenig glücklich?

Der August 1993 war ein sehr heißer Monat. Die Hitze in der Ukraine ist eine drückende Hitze, eine, die nicht enden will. Wie in Israel. Mein baldiger Aufbruch nach Deutschland war amtlich und stand nun fest. Meine Ausreise rückte immer näher. Ich absolvierte mein Geschichtsstudium, schrieb umfangreiche Arbeiten und bestand komplexe Prüfungen. Abends spazierte ich stundenlang mit Freunden durch die Stadt und redete. Dnepropetrowsk ist eine Millionenstadt am Dnepr-Ufer, eine dynamische südliche Industriestadt, die laut und selbstbewusst ist und in der viele Juden leben. Eine Art industrielles und kommerzielles Odessa mit vielen Gesichtern und vielen Gerüchen: nach Essen, nach Fabrikschloten, nach Schweiß (Deodorants sind gerade erst im Kommen). Bis heute liebe ich diese Stadt und finde sie wunderschön: Zerfall und Bürgerkrieg liegen in der Luft, das macht Dnepropetrowsk noch feiner, aber auch noch verletzlicher.

Ein Abend ist mir noch besonders in Erinnerung: Mit meinem Freund lief ich durch das Bahnhofsviertel unserer Stadt, auf der Treppe des Kulturpalasts mit seinen Säulengängen saßen Verkäufer, sie verkauften frischgekochten Mais und Sonnenblumenkerne. Aus jedem zweiten Kiosk tönte der aktuelle Hit: »Ich setze mich in ein Cabrio und fahre irgendwohin«. Die Fingerhutspieler auf der Straße suchten sich die einfachen Leute aus und luden sie ein, genau aufzupassen, unter welchem Fingerhut das Bällchen ist. »Wer ein richtiges Bällchen erwischt«, rief einer der Männer, »der bekommt einen Geldgewinn!« Doch es gab keinen Geldgewinn, denn das Spiel war ein Bluff. Eine Frau verlor vor unseren Augen und weinte bitterlich. Wir blieben stehen, beobachteten die Spieler und

Banditen und sprachen darüber, dass es unsere Aufgabe als Historiker ist, diese Bilder festzuhalten – »so geht ein Weltreich unter, und das passiert nicht alle Tage«, sagte mein Freund, und tatsächlich habe ich bis heute keine ähnliche Stimmung mehr erlebt.

Auf dem Weg nach Hause, in mein Wohnviertel »Kommunar«, weinte ich: Ich wusste, dass ich nach Germanija gehen würde, schon allein, weil ich die Chance dazu hatte, aber ich wusste auch, dass ich eigentlich gar nicht weg wollte aus Dnepropetrowsk. Hier spielte das Leben und hier waren die Menschen, die ich liebte. Hier am Dnepr-Ufer stand das Haus, in dem meine Frau Ljuda wohnte, ein fast leeres halbzerstörtes Jugendstilhaus aus dem frühen 20. Jahrhundert. Wenn ich in Deutschland, in diesem Land der Dichter und Philosophen, ein paar Jahre studiert habe, dann wollte ich hierher zurückkehren und in diesem Haus eine geisteswissenschaftliche Universität gründen und mein Wissen weitergeben. So gut, so unendlich konkret waren meine Pläne vor der Emigration.

Ljuda und ich waren noch nicht sehr lange ein Paar gewesen, und als die Abreise nach Deutschland immer näher rückte, fragte ich mich, wie es mit uns beiden weitergehen wollte. Ich dachte über die möglichen Alternativen nach: Entweder wir würden bald heiraten, quasi auf der Stelle, dann würde ich, sozusagen als Vorhut, in die Fremde reisen. Ljuda hingegen würde erst noch ihr Studium absolvieren und mir dann folgen. Oder aber wir würden auf ein schönes und nicht unbedingt einfaches Jahr zurückblicken, uns für immer voneinander verabschieden und dann schauen, dass jeder mit seinem Leben klarkommt: »Danke, war nett, bis dann. Vielleicht.«

Die zweite Option war für mich undenkbar, also fasste ich einen Entschluss. »Willst du mich heiraten und mit mir nach Deutschland kommen?«, fragte ich sie eines Abends. »Ja, ich will dich heiraten und mit dir nach Deutschland kommen«, sagte meine künftige Frau einfach, ungeschminkt, ohne lange nachzudenken. Wir waren beide 21, und um uns herum war alles eine riesige Ruine. Das glückliche gemeinsame Leben konnte also beginnen – die Umstände waren geradezu ideal. Es wurde durch zwei symbolische Aktionen besiegelt. Evgenij Abramowitsch Tschernow, dessen Zirkel an der Universität Dnepropetrowsk wir gemeinsam besuchten, erfuhr die Nachricht von unserer geplanten Heirat und schenkte uns nach einer Zirkelsitzung zwei Bubliki, die runden russischen Brötchen mit einem Loch in der Mitte: »Eure Eheringe. Ich segne euch, meine Kinder«, sagte der atheistische sowjetische Jude Tschernow zu uns und umarmte uns. Die Bubliki sind bis heute unsere einzigen Eheringe geblieben.

Der zweite symbolische Akt, der unser späteres gemeinsames Leben in Deutschland besiegelte, hatte mit dem Untergang der spätsowjetischen Wirtschaft zu tun. Um einen Heiratstermin beim Standesamt zu bekommen, musste man die jeweiligen Mitarbeiterinnen bestechen. Das übernahm mein Vater, der den Damen zwei Flaschen Shampoo – damals eine Rarität – schenkte. Nun konnten wir heiraten.

Unsere Hochzeit fand an einem traumhaften Herbsttag im Oktober 1993 statt; die Straßenbahn fuhr uns zum Standesamt in der seit knapp zwei Jahren unabhängigen Ukraine. Diese Ehe war postmodern, wie Evgenij Abramowitsch Tschernow, unser Unilehrer, scherzte: In der Zeit der Vormoderne sei man gemeinsam nach der Hochzeit abgereist; in der Zeit der Moderne reiste man nicht selten gemeinsam, ohne vorher geheiratet zu haben; in der Zeit der Postmoderne jedoch heiratete man, und dann reiste einer von beiden ab. Und genauso war es bei uns: Einen Monat nach der Hochzeit emigrierte ich tatsächlich, nicht ohne zuvor gemeinsam mit Ljuda ihre Papiere bei der Botschaft in Kiew abzugeben, damit wir irgendeines fernen Tages »die Familie wiedervereinigen« könnten – was für eine schöne Bezeichnung für diesen Veraltungsakt.

Ljuda lebte die acht Monate unserer Trennung bei meinen Eltern. Wir haben uns Briefe geschrieben, die wir sorgfältig aufbewahrten, und wir haben telefoniert, während wir hörten, wie die Münzen durch die Apparate dieser verdammten gelben Telefonzellen fielen. Wenn man nur 200 Mark im Monat hat, dann sind fünf oder sechs Mark für jedes Telefonat unglaublich viel Geld, doch diese Mathematik blieb für mich gänzlich ohne Relevanz. Also haben wir in den Hörer geweint, etwas geflüstert, aber kaum geredet – es war schlicht zu teuer, sich lange auszutauschen. Manchmal rief meine Frau mich an – ich habe ihr vorab die zwanzigstelligen Telefonnummern der gelben Zellen diktiert und mich dann bemüht, pünktlich da zu sein. Das Problem war nur, dass oft ein betrunkener Obdachloser in der warmen Zelle saß und nicht darüber amüsiert war, dass ein seltsamer Typ zu einem bestimmten Zeitpunkt seine Ruhe störte.

Acht Monate später wurde unsere junge Familie »wiedervereinigt«. Vor dem Hintergrund der Flüchtlingskrise des Herbstes 2015 heißt dieser Prozess inzwischen »Zusammenführung« und wird heiß diskutiert. Lasst die engsten Familienmitglieder rein, sage ich aus Erfahrung und mit Nachdruck: Ohne diese Perspektive gehen die Einwanderer unter!

Manche glauben bis heute irrtümlicherweise, Ljuda sei mir auf meinen Wegen gefolgt, als wäre ich eine Art Lokomotive unserer Familie: »Sind Sie zufällig die Frau von Herrn Belkin?«, wird sie oft gefragt. Die an sich blöde Frage enthält ein sehr richtiges Wort: »Zufällig« ist das alles so geworden, mit dem Dnepropetrowsker Büchermarkt, wo wir uns vor fast 25 Jahren zufällig getroffen haben. Doch was ist schon Zufall, und wer glaubt daran, dass es ihn in seiner chaotischen Dimension gibt? Dass der Zufall wirklich zufällig ist, glaube ich nicht. Vielmehr denke ich an Tolstojs Helden Nikolaj Rostov aus *Krieg und Frieden*, der sich fragte: »Aber liebt man denn seine Frau?« Seine Antwort an sich selbst lautete: »Nun, liebe ich

etwa meinen Finger? Nein, gar nicht, aber versuche einmal, ihn ab-
zuschneiden ...« Völlig unmöglich – Nikolaj Rostov hatte Recht!

Der Bus nach Deutschland

Meine erste Reise nach Deutschland dauerte vier Tage. Unser Bus
war voll. Ausreisende, Menschen, die wegfahren. Für immer oder
nur für einige Monate – das wusste noch fast keiner in diesem Bus.
Die Grenzen waren nur eingeschränkt geöffnet, in unseren Köpfen
war noch keine Mauer gefallen, es war eine apokalyptische Situation: Man musste die Chance ergreifen, sonst drohte die Tür sich
wieder zu schließen, und zwar für immer. Diese Angst würde mich
während der gesamten Neunzigerjahre in Deutschland begleiten.

Ich nahm sechs Bücher mit: meine Lieblingsgedichte von Joseph
Brodsky, dem russisch-amerikanischen Nobelpreisträger von 1987,
und drei Bücher aus dem Bereich der russischen idealistischen Philosophie, die während der Perestrojka zurückgekehrt ist; ich wollte sie in Deutschland weiter studieren. Dazu eine Schelling-Aus-
gabe, natürlich auf Russisch. Außerdem packte ich die kurz zuvor
erschienene Broschüre von Heideggers *Holzwegen* ein: Mir schien,
dass darin »Deutschland« zu spüren war. Erst viel später würde ich
einiges über den Antijudaismus Schellings erfahren und über die
Schwarzen Hefte Heideggers mit seinen antisemitischen Aussagen.
Noch aber fuhren die deutschen Philosophen auf Russisch mit mir
nach Deutschland, und zwar auf einem jüdischen Ticket.

Ich hatte drei Taschen dabei. Eine war ein sowjetisches halbmili-
tärisches Produkt, aus grobem dunkelgrünem Stoff. Die beiden anderen waren karierte chinesische Plastikprodukte, ein Symbol der
Neunzigerjahre. Sie taten mir beim Tragen furchtbar weh, weil ihre

dünnen Henkel sich tief in meine Hände schnitten, aber man konnte unendlich viel in sie hineinstopfen. Sie hielten alles aus und nahmen jede Form an. Mit solchen Taschen reiste das neue deutsche Judentum, als es noch das alte sowjetische war. Erst später merkte ich, dass Migranten in ganz Europa mit solchen Taschen unterwegs sind: Türken auf dem Weg nach Deutschland, Portugiesen nach Belgien, Serben in die Schweiz, Polen nach England: Alle haben solche Taschen.

Ich nahm sehr viele Anziehsachen mit, die meine Mutter mir in Polen und auf dem Markt in Dnepropetrowsk gekauft hatte. Diese Sachen sollten mir in Deutschland helfen, dort, wo alles so teuer ist und wo ich vermutlich ohnehin nicht viel haben würde, um mir neue Kleidung zu kaufen Die Anziehsachen haben mir geholfen, und sie haben mich gestört, und zwar mindestens fünf Jahre lang. Denn »so was« trug man in Germanija nicht: Hosen, die am Po formlos hängen, den quadratischen Mantel und die seltsam karierten Hemden. Doch bis heute hänge ich an diesen Klamotten, sie sind für mich ein Stück Heimat, meiner schönen und formlosen Heimat, die es nicht mehr gibt. Mein nostalgischer Fetischismus.

Meine Eltern und ein Dutzend Freunde hatten sich am Bahnhof Dnepropetrowsk versammelt, um mich zu verabschieden. Jewgenij Abramowitsch, mein Lehrer aus der Uni, schenkte mir seinen Füller: Ich soll in Deutschland schreiben, so lautete seine Botschaft.

Bis Kiew war ich noch in Begleitung, denn mit mir fuhren mein Jugendfreund Edik, Ljuda, meine frisch gebackene Ehefrau, und meine Freunde Mischa und Alik. Edik und ich würden gemeinsam ausreisen, Ljuda würde mir knapp ein Jahr später mit ihrem Diplom in Geschichte nach Deutschland folgen, und auch Mischa kam knapp zehn Jahre später, um hier eine atemberaubende Karriere als Radiologe zu machen.

Dass ich meinen Freund Alik nicht mehr sehen würde, konnte

ich damals noch nicht wissen: Er, vermutlich der Sensibelste von uns, kehrte in seine Heimat Krim zurück, nicht in die schöne Kurortgegend, sondern in die gottvergessene Steppenkrim mit ihren nach hinten blickenden tatarischen Häusern, dem weißen Staub und den menschenleeren Straßen, und nahm sich drei Jahre später das Leben; in seinem Abschiedsbrief bat er uns, sich um seine Frau und um seinen Sohn zu kümmern.

Doch noch waren wir glücklich zusammen, an diesem klirrend kalten Dezembertag im Jahr 1993, und meine Frau stieß im eisigen Kiew mit Mischa und Alik auf uns an, bevor wir den Bus bestiegen.

Der Bus zwischen Ost und West ist in meinen Augen das prägnanteste Symbol für die Neunzigerjahre. Unserer war restlos überfüllt, denn die meisten Familien reisten für immer aus – sie konnten sich überhaupt nicht vorstellen, irgendwann zurückzugehen. Allein der Aufwand bei der Ausreise machte eine Rückkehr unmöglich. Einige wenige beobachteten alles mit einem leichten Lächeln. Sie lebten bereits in Deutschland und waren zu Besuch in der Ukraine. Jetzt kehrten sie mit einer Tasche zurück, darin eine oder mehrere obligatorische Wodkaflaschen und die billigen, in Polen oder der Türkei produzierten Zigaretten. Fast jeder rauchte zu dieser Zeit und verteilte die Zigaretten unter den wenigen Nichtrauchern, damit es keine Schwierigkeiten beim Zoll gab. Wie Kleider, so waren auch die Zigaretten im Westen teuer.

Die Busfahrer waren grob und sensibel zugleich. Sie kochten auf Anfrage einen löslichen Kaffee, eine Seltenheit in der damaligen Zeit, sie zeigten alte sowjetische Filme und relativ neue westliche Blockbuster in katastrophaler russischer Übersetzung, sie kommunizierten mit der Zentrale und sammelten Menschen ein. Der Bus hielt an den Bahnhöfen der kleineren Städte und Städtchen der Westukraine. Hier wurde zwar etwas mehr ukrainisch gesprochen, doch sie unterschieden sich ansonsten in nichts von den ostukrainischen Städten: Alles war kaputt, und auf den zentralen Plätzen standen einsam der obligatorische Lenin und der siegreiche Soldat (oder die trauernde Mutter) in schmutzigem Weiß. Heute sind diese Denkmäler verschwunden.

Kurz vor der polnischen Grenze tauchte das Thema Bestechung auf. Die Busfahrer initiierten die Aktion, und zwei oder drei Enthusiasten erklärten sich bereit, sie durchzuführen. Die ukrainischen Zöllner wollten Geld, eine relativ hohe Summe – wenn man bezahlte, ließen sie den Bus weiterfahren, ohne dass alles ausgepackt werden musste.

»Judenrat«, dachte ich und lehnte stolz ab. Es wurde etwas geschimpft, doch die Aktion misslang, denn auch andere weigerten sich zu zahlen. Also mussten wir unser sämtliches Gepäck aus dem Bus tragen. Die Zöllner wühlten in unseren Sachen rum. Zahnbürste, Schelling, Sweatshirt. Keine Zigaretten. Kein Geld im zweiten Taschenboden. Keine drei Wodkaflaschen. Wir fuhren weiter.

Auch die Polen suchten Zigaretten und Alkohol. Dann waren wir endlich in Deutschland. Es wurde still, als die jungen deutschen Zöllner kamen. Sie wirkten westlich: beherrscht und gut angezogen. Man respektierte sie irgendwie. Leichte Verachtung in ihren Augen, oder bildete ich mir das nur ein? Sie wühlten nicht einfach in unseren Taschen, nein: Sie trafen eine zufällige Auswahl und schauten sich zwei, drei Koffer an. Keiner bot ihnen Geld an. Dann die leuchtenden Tankstellen hinter der Grenze, die uns nachts absolut mystisch vorkamen.

Es war Adventszeit – und damit auch Chanukka-Zeit. Der Bus (MAN, von unseren Fahrern liebevoll »Manja« genannt) hielt überall. Die Passagiere hatten – wie ich – ihre Papiere für die Übergangslager in jeder denkbaren Klein- und Großstadt bekommen. Zum ersten Mal in meinem Leben sah ich Fachwerkhäuser, und auf den

Fensterbänken dieser Fachwerkhäuser sah ich Leuchter. Vom Advent und den ihn begleitenden Lichtern und Weihnachtsmärkten hatten wir noch nichts gehört, und daher interpretierte ich die schönen Lichter als Chanukka-Leuchter, die ich aus Erzählungen kannte. Allerdings hatte ich sie bisher weder zu Sowjetzeiten noch in der Ukraine je gesehen. Der Gedanke, dass hier so viele Juden lebten, überwältigte und beruhigte mich zugleich.

Durch die größeren Städte rollten Straßenbahnen, die sich deutlich von unseren tschechischen oder russischen Modellen unterschieden. Sie waren schön und glitten – so kam es mir damals vor – fast lautlos über die Schienen. Kein Ruckeln, kein Quietschen, kein Rattern, stattdessen scheinbar perfekt und zuverlässig funktionierende Maschinen, die – wenn überhaupt – beruhigende Geräusche von sich gaben. Und so machte sich in meinem übermüdeten Kopf das Bild eines wohlgeordneten Festes breit, dessen Gäste komfortabel von einem Ort zum anderen fahren konnten, bevor sie sich irgendwann wieder auf den sicheren Weg nach Hause machten. Ich glaube auch heute nicht, dass mein erster Eindruck von Deutschland ein ganz falscher war.

Hannover, dann Unna, östliches Ruhrgebiet. Ein älteres leicht verwirrtes Ehepaar hatte hier sein Ziel erreicht. Die beiden hatten Kartoffeln dabei, nicht viele, vielleicht ein oder zwei Kilo: Wer weiß, was uns in der Fremde erwartet, mussten sie sich wohl beim Packen gedacht haben. Edik und ich halfen ihnen beim Ausladen ihrer Sachen, sie schenkten uns eine Wodkaflasche und waren uns unendlich dankbar. Er schimpfte auf seine Frau und nannte sie »meine sechste Tasche«, sie sei nur eine zusätzliche Last für ihn.

Menschen wie sie hatten während ihrer sowjetischen Geschichte mindestens dreimal gehungert: In den Dreißigerjahren, in den Vierzigern und (nicht ganz so dramatisch, aber auch nicht schön) in den frühen Neunzigern. Überdies sollten sie in der ersten Hälfte des

20. Jahrhunderts systematisch ausgerottet werden – und zwar von der sie heute aufnehmenden deutschen Seite. Sie hatten alles überlebt und brachten nach Deutschland ihre Kartoffeln mit.

Irgendwo in der hessischen Provinz stieg ein Mann aus. Damals erschien er mir alt, vielleicht Ende vierzig. Es war früher Morgen, und der Nebel floss förmlich über das Tal. Doch das Büro an der Adresse, die er auf ein Stück Papier aufgeschrieben hatte, war geschlossen. Er schrie: »Ich bleibe nicht hier!«, und versuchte, zurück in unseren warmen furchtbaren Bus zu gelangen. Ich verstand ihn gut. Es war unheimlich, in diesem Deutschland allein zu bleiben. Dasselbe Gefühl beschlich auch mich, als Edik nach mehr als drei gemeinsamen Tagen im Bus ebenfalls in Hessen ausstieg, während ich noch weiterfahren musste.

Mein Ziel hieß Karlsruhe, und ein paar erfahrene Mitreisende sagten mir, dass es sich um ein Übergangslager handele und ich nur für ein paar Tage dort bleiben würde. Ich hielt das für Gerüchte und hegte die völlig unbegründete Hoffnung, vielleicht für immer in Karlsruhe bleiben zu können. Denn auf den ersten Blick erschien mir die Stadt wunderschön.

Die Adresse lautete »Durlacher Allee«; unsere Fahrer machten darüber Scherze, denn sie nannten einander liebevoll »du Durlach«, eine deutsch-russische Kreation, die das russische Wort »durak«, Narr, als Wurzel hat. Das änderte jedoch nichts daran, dass sie die Durlacher Allee erst nach mehreren Anläufen fanden.

Kurz bevor wir aussteigen sollten, war ein mit Stacheldraht verstärkter Zaun zu sehen. Die KZ-Witze der wenigen Übriggebliebenen, mit denen wir vier Tage lang gereist waren, brachten niemanden mehr zum Lachen. Ich stieg aus und stand schließlich mit meinen zwei karierten und meiner Stofftasche am Eingang und zeigte die Aufnahmepapiere vor. Die Durlacher Allee in Karlsruhe war meine erste deutsche Adresse.

Sehr schnell stellte sich heraus, dass ich in einem Flüchtlingslager gelandet bin, dem Biotop der frühen Globalisierung. Hier ist es wichtig, einen eigenen, sprich: heimischen Container zu finden. In meinem Fall hieß das, dass ich mich auf die Suche nach einem »russischen« beziehungsweise »jüdischen« Container machen musste. Ich schleppte meine Taschen an afrikanischen und arabischen Schachteln vorbei, bis ich schließlich fündig wurde.

Seit der Abreise in Kiew gingen mir die Worte »Karanowski mit Familie« immer wieder durch den Kopf – ich hatte mir den Namen des Mitreisenden, der überall zu sehen und zu hören war, gemerkt, nicht zuletzt deshalb, weil der unangenehmste Typ der Welt, Alexander Wladimirowitsch Karanowski, die ganze Zeit mit seiner absolut russischen Frau neben uns saß. Edik hasste ihn förmlich, und auch mir war seine herablassende Art komplett zuwider: Er wirkte so, als hätte er mich am liebsten als seinen persönlichen Diener herumkommandiert. Die Ironie des Schicksals wollte es, dass ausgerechnet wir die erste Nacht zusammen in einem Zimmer einer temporären Baracke in der Durlacher Allee verbringen mussten. Das Problem war gar nicht, dass in dieser Baracke die Somalier, Kurden und Türken ohne Visum schliefen. Das Problem war vielmehr, dass ich das Zimmer mit diesem Karanowski teilen musste. Es war sehr heiß. Galja, seine Frau, schlug vor dem Einschlafen vor, etwas zu lüften. Er schrie sie an, ihm sei eiskalt. Nachts, mitten in dieser Sauna, lediglich unter einem Bettlaken, fing plötzlich ich an, höllisch zu frieren. Karanowski hatte das Fenster direkt über meinem Kopf aufgerissen, und ich wachte mit Halsschmerzen auf ...

Karanowski war ein todkranker Hysteriker, aber auch ein lebenskluger Mann. Er klärte mich später über seinen Prostatakrebs auf und beschwor mich regelrecht, ich müsse mich bewegen und hygienisch leben. Karanowski starb ein Jahr später unter großen Qualen. Er war einer der Ersten um mich herum, von denen ich lernte, dass die Welt nicht immer in »schwarz« und »weiß« geteilt ist, sondern durchaus auch Zwischentöne aufweist.

Nach ein paar Tagen hatte ich mich soweit zurechtgefunden, dass ich mich traute, erste Spaziergänge in den Park zu unternehmen. Dort gab es eine Art Künstlermarkt, auf dem ich allen Mut zusammennahm und mit meinem sehr rudimentären Deutsch eine Künstlerin ansprach: »Schön« und »gut« – das brachte ich bereits zusammen und deutete auf ihre Kunst. Sie überlegte kurz und schenkte mir eins ihrer Werke: eine gut geschliffene, entfernt an einen Grabstein erinnernde bemalte Skulptur, mit minimalistisch dargestellten Sujets, Schafe, Vögel, ein Regenbogen. Sie steht bis heute auf meinem Schreibtisch.

Bevor ich das Lager wieder verlassen musste, verpasste ich noch die Chance auf eine große Barschaft: Zwei junge Frauen, an deren Herkunft ich mich nicht mehr erinnern kann, besuchten unseren Container. Da sie wussten, dass wir Juden eine unbefristete Aufenthaltserlaubnis bekommen würden, boten sie uns viel Geld an, wenn wir sie heiraten würden. Ich hatte von solchen Geschichten schon vorher gehört und auch von der für mich unvorstellbaren Summe von 10 000 D-Mark. Doch mit einer Ehe konnte – und wollte – ich nicht dienen: Meine mit mir frisch verheiratete und gleich danach temporär verlassene Frau wartete auf mich. Und ich auf sie.

Es menschelt in Reutlingen

Deutschland sei ein reiches Land, und Baden-Württemberg sei der reichste Teil davon, das hatte ich schon zu Hause gehört. Man müsse lange warten, bis man die Genehmigung erhält, dort zu leben, doch dann werde man in einem Paradies ankommen. Im Flüchtlingsheim in Karlsruhe spürte man noch nicht so viel vom baden-württembergischen Paradies, aber dort liefen Gerüchte über meine nächste Station, die Reutlingen hieß. Das dortige Wohnheim, so hörte ich, sei so komfortabel, dass es für Alleinstehende sogar Einzelzimmer gebe.

Am Tag der Abreise wartete also ein Minibus auf unsere kleine Reisegruppe: auf mich, den zweiundzwanzigjährigen zukünftigen Gründer einer geisteswissenschaftlichen Uni in Dnepropetrowsk, und auf Leo, einen fünfzigjährigen Kiewer Programmierer, der nach Deutschland gekommen war ohne eine vernünftige Chance auf einen Job und ohne seine nichtjüdische Kiewer Mama, die er vermisste und auch später trotz seiner Bemühungen nicht hierher nachholen konnte.

Zu zweit mit Fahrer im Minibus verspürte ich eine gewisse Euphorie über das neue Land und meine Erlebnisse hier und hoffte, dass es mir gelingen würde, etwas von dieser Begeisterung auch an Ljuda und meine Eltern zu vermitteln. Alle paar Tage rief ich sie aus einer der genannten gelben Telefonzellen auf der Straße an; die fünf Mark in einzelnen Münzen rauschten meistens viel zu schnell durch, um wirklich etwas zu erzählen von meinem neuen Leben in Germanija. Danach war das Gefühl der Einsamkeit meist noch größer als davor, und ich spürte durch die Leitung, wie besorgt sie waren. Doch sie hatten einen Vorteil mir gegenüber: Sie waren dort, in der Ukraine, zusammen und ich hier, in Germanija, allein.

Rappertshofen 23 in 72760 Reutlingen: meine zweite deutsche Adresse, unvergessen bis heute. Der Minibus, der uns transportiert hat, hielt vor einer seltsamen Anlage: ein riesiger Park mit einem mehrstöckigen, eindrucksvollen Gebäude, davor eine größere Gruppe von Rollstuhlfahrern. Seit meiner Ankunft in Deutschland hatte ich zwar einzelne Passanten auf der Straße gesehen, ansonsten nur zwei große Menschengruppen: die Flüchtlinge in Karlsruhe und nun die Rollstuhlfahrer in Reutlingen. Das Gebäude ist eine schicke Klinik mit Pflegeheim, die Menschen mit Körper- und Mehrfachbehinderungen »passgenaue Assistenzleistungen« bietet, wie ich ein paar Tage später einer Broschüre entnehme.

Auf demselben Gelände, allerdings etwas abgelegen und längst nicht so gepflegt, stand ein älteres, graues Haus. Es war für uns bestimmt. Wir – das waren Juden, vorwiegend aus Russland und der Ukraine, sowie Vietnamesen, die den gleichen Status hatten: Kontingentflüchtlinge. Allerdings mit einem Unterschied: Die vietnamesischen »Boatpeople« waren »echte« Flüchtlinge, während wir eher als symbolische Flüchtlinge galten. Die Vietnamesen waren vor dem Krieg geflohen, während wir gewissermaßen vor dem 20. Jahrhundert geflohen waren. In ein Land, das fast bis zur Mitte des 20. Jahrhunderts die Auslöschung der Juden besiegeln wollte – welch ein Paradox in dieser Geschichte.

Man hatte uns einen ähnlichen Status wie den Vietnamesen gegeben, da noch niemand wirklich ein Konzept dafür hatte, wie man mit den sowjetischen Juden umgehen sollte: Welchen Status sollten sie erhalten, wo wollte man sie unterbringen, welche Vorschriften würden bei ihnen angewendet, kurz: Was sollte mit ihnen passieren? Wollte die DDR, die historisch gar keine Zeit mehr hatte, noch im April 1990 »den verfolgten« Juden »Asyl gewähren«, wie die erste und letzte frei gewählte DDR-Volkskammer unter Lothar de Maizière es formulierte, so suchte das wiedervereinigte Deutschland nach einem nachhaltig gültigen Status für uns. Nun wurden wir seit Januar 1991 Kontingentflüchtlinge im wiedervereinigten Deutschland – Menschen, die sofort den ersehnten Stempel »unbefristet« in ihre Pässe bekamen und gleich arbeiten durften. Vorteile, die nicht zu vernachlässigen waren und sind.

Die Rollstuhlfahrer waren nett, sie freuten sich offenbar darüber, mit uns zu reden oder uns im Park zu treffen, und bald wussten auch wir ihr schwäbisches »Schönes Wochenende!« zu schätzen. Der Hausmeister des Heims war ein rumänischstämmiger Aussiedler, und er begrüßte uns ebenfalls recht freundlich. Im Heim erzählte man, er sei bestechlich, doch da ich ihm nie Geld geboten hatte, sollte ich nie herausfinden, ob das stimmte. Ich wollte kein besonderes Zimmer, ich wollte keine Vorzugsbehandlung, ich wollte eigentlich nur eines: möglichst nicht besonders lange hierbleiben.

Der Erste, den ich schon am Eingang kennenlernte, war Viktor Rosenbaum. Er stammte aus Kiew, trug einen grauen Sportanzug und rauchte Kette. Viktor war einer der ersten Kontingentflüchtlinge und wohnte schon seit mindestens zwei Jahren hier. Mit seiner obligatorischen Zigarette in der Hand bewegte er sich durchs Heim und ließ überall die Asche fallen: auf dem schmutzig-grünen Korridorteppich, in der Küche, im Bad, im Garten. Auf den ersten Blick wirkte er cool und entspannt und erzählte mir, dass er zunächst Geld für die erstklassigen Möbel in seiner neuen Wohnung sparen wolle, bevor er sich etwas Eigenes suchen würde. Doch bald merkte ich, dass er Angst hatte, Angst davor, in Deutschland allein zu sein. Ohne Familie. Ohne uns. Ohne das furchtbare Heim, ohne die Vietnamesen im anderen Flügel und die Rollstuhlfahrer draußen.

In Reutlingen waren mir mehrere Fälle wie Viktor begegnet, und ich hatte mich zunächst gewundert. Heute verstehe ich sie deutlich besser. Kürzlich habe ich eine Reportage über die Ostdeutschen gesehen, die 1989 ihre furchtbaren Westberliner Unterkünfte – Container und Sporthallen – nicht verlassen wollten, und fühlte mich sofort an meine Reutlinger Zeit erinnert. Auch jetzt überrascht es mich – im Gegensatz zu meinen Freunden, die schon immer hier leben – überhaupt nicht, wenn syrische Flüchtlinge ihre Aufnahmestelle nicht verlassen möchten. Selbst wenn es sich bei diesen »Heimen« um riesige Turnhallen oder hässliche Baracken handelt, so bieten sie doch ein Mittel gegen die Einsamkeit. Denn: Wohin soll man gehen? Dieses Gefühl legt sich zwar irgendwann, besonders natürlich bei Familien, die füreinander da sind. Bei Alleinstehenden ist die Lage schwieriger. Für sie bleibt die Wohnheimküche mit ihren Gerüchen und den nicht seltenen, riesigen Kakerlaken, den Spuren der anderen, dem Mangel an Privatsphäre trotz allem ein rettender Anker der Kommunikation.

Zunächst wurde mir ein Einzelzimmer zugewiesen. »Freu dich, allein wohnen zu dürfen, das ist in Deutschland in Wohnheimen keine Selbstverständlichkeit«, erklärte mir Viktor. Ich freute mich tatsächlich darüber, denn seit knapp zehn Tagen, gefühlt seit zehn Monaten, war ich fast keine Sekunde mehr allein gewesen – im Bus überhaupt nicht, und im Karlsruher Lager nur dann, wenn ich mich auf der Toilette versteckte. Nun konnte ich mich in mein eigenes Zimmer zurückziehen: circa sieben Quadratmeter. Nun ja, mit meinen Eltern hatte ich bis zu meinem fünfzehnten Lebensjahr in einer Einzimmerwohnung mit zwölf Quadratmetern gelebt; unsere kaputte Toilette stand einsam im Hof. Jetzt hatte ich definitiv mehr Platz für mich. Toilette und Bad lagen auf dem Flur, die Küche sowieso.

Dieses Zimmer mit dem merkwürdigen Mobiliar – Tisch, Schrank und Bett behindertengerecht zusammengestellt – und dem kleinen Fenster, das nur wenig Licht hereinließ, bot, verglichen mit der Wohnsituation der Flüchtlinge im Deutschland des Jahres 2016, den Luxus eines Adlon oder Marriott. Und keiner kam damals auf die Idee, uns Juden oder den benachbarten Vietnamesen ein Grundgesetz in Buch- oder Plakatform unterzujubeln. Dafür bin ich bis heute unendlich dankbar – die Tatsache, dass in der Reutlinger Küche ein billiges Pornoheftchen und nicht die deutsche Verfassung lag, machte mich letztendlich wesentlich verfassungstreuer. Es versuchte nicht, uns in einer Situation zu belehren, in der wir alles brauchten, aber kein

Grundgesetz. Das Heftchen wirkte in unserer gemeinsamen Wohnheimküche, unserem temporären deutschen Lebenskosmos, wie ein kleines neutrales Kunstobjekt, das alle interessierte und schnell zum Gegenstand von Witzen wurde. Jetzt aber beschäftigten wir uns mit Haaren im Wohnheimbad, deren Länge, Farbe und Herkunft bald Thema erbitterter (Macht-)Kämpfe wurden. Es waren Frauenhaare, ich blieb also verschont. Doch nicht mehr lange.

Eine hochgewachsene schlanke Frau mit einem feinen Gesicht begrüßte mich freundlich und stellte sich vor. Stella Oderman. Sie gab mir die Hand – ein Novum in der postsowjetischen Kommunikation. Auch heute drücken die Männer den Männern die Hand, winken unklar in Richtung Frauen und schauen sie kaum an. Es gibt zwar Kommunikationsprofis, die alles richtig machen – Handschlag, Blick, Lächeln –, doch der Rest der postsowjetischen Gesellschaft macht es »wie immer«.

Stella wurde meine wichtigste Gesprächspartnerin, meine Etagenfreundin für die kommenden acht Monate. Ich weiß bis heute nicht, wie alt sie eigentlich ist. Sie kam aus Litauen, aus der Hafenstadt Klaipeda, und wurde ebenfalls als Kontingentflüchtling aufgenommen, bevor Litauen später in die Europäische Union aufgenommen wurde.

Stella repräsentierte für mich ein seltsames, fernes Europa. Sie kam mir sehr »litwakisch« vor, auch wenn ich davor nicht die geringste Ahnung davon hatte, wie die baltischen Juden sind oder aussehen, sondern nur Bilder davon im Kopf hatte. Der oder die »sieht fast aus wie ein Deutscher«, hatte ich in der Ukraine öfter gehört, und dieses Bild deckte sich mit Stella. Ihr Vater, so erzählte sie mir, hatte noch ein deutsches Gymnasium im vorsowjetischen Litauen absolviert. Sie selbst war Ärztin und als solche jahrelang auf einem sowjetischen Handelsschiff unterwegs gewesen. Somit hatte sie schon viel von der Welt gesehen, und die sieben Quadratmeter in Reutlingen-Rappertshofen waren nicht ihr erstes Ausland.

Stella hatte feine, kurze unlackierte Nägel, was in großem Gegensatz stand zu den Frauen, die ich bisher kannte und die alle maniküre, lange Fingernägel besaßen. Außerdem machte sie sich über alle, ab und zu auch über mich, lustig. Sie kochte selten, sondern wärmte sich einfach gefrorene Fertiggerichte auf, weshalb man in der Wohnheimküche über sie sprach: Eine Frau muss kochen können, sonst bleibt sie für immer allein, so wie unsere europäische Stella – das munkelten die Nachbarinnen.

Viktor Rosenbaum, der immer rauchende Wohnheimveteran, nannte Stella ein »jüdisches Reh«. Ein schnelles, sprunghaftes Tier. Ab und zu traf sie sich mit jemandem außerhalb des Wohnheims, meist mit deutschen Männern, und ich war nur ein ganz klein bisschen eifersüchtig darauf. Stella war sehr sowjetisch, das heißt, sie entsprach dem, was ich eine sowjetisch-jüdische Europäerin nennen würde: Sie kannte Antisemitismus aus eigener Erfahrung, maß ihm aber keine große Bedeutung bei und machte sich selbst gern über Juden lustig. Später würden meine Tübinger Freunde sie unter anderem deswegen für nichtjüdisch halten – eine Erwartungshaltung, die bis heute existiert und mit der ich immer wieder konfrontiert werde: Juden haben sich (auch) durch den erlebten Antisemitismus zu definieren.

Das Amt und andere Verwerfungen

Ein Ort in Reutlingen, an dem wir alle – jung und alt, halachisch und nichthalachisch, ukrainisch, russisch oder moldawisch – im Frühjahr 1994 zusammenkamen (und dort auch »unsere« Vietnamesen und »fremde« Türken, Algerier und Ex-Jugoslawen trafen), war das Sozialamt, oder kurz genannt »das Amt«. Damals gab es, anders als heute, noch keine Nummern, die man ziehen musste, sondern grundsätzlich eine lange Schlange aus schimpfenden, schreienden oder schweigenden Wartenden: unrasierte, dunkelhaarige Männer in Jogginghosen, Frauen mit und ohne Kopftuch, trinkende und unangenehm riechende Einheimische, die man zehn Jahre später »Biodeutsche« nennen wird (welch hässliche Bezeichnung!). Und an den Wänden graue Plakate mit großen Lettern: »Alle Menschen sind Ausländer!«

Doch wenn alle Ausländer sind, warum fragte man mich in Reutlingen auf der Straße so oft: »Und wann gehen Sie zurück?« Zuerst kam immer die Frage: »Wo kommen Sie her?«, und gleich danach: »Wann gehen Sie zurück?« Das »endlich« konnte ich mir auch mit meinem minimalen Deutsch gut hinzudenken. Zur Zeit meiner Ankunft begannen die Leute die Republikaner zu wählen, auch in Reutlingen, das bis heute eine der Städte mit der größten Millionärsrate in ganz Deutschland ist. Heute wählen sie jedoch nicht mehr Republikaner, heute wählen sie AfD.

Doch Hand aufs Herz: Noch war mir das alles egal, wir schrieben das Jahr 1994, und für mich lag Reutlingen irgendwo zwischen Mond und Saturn – ein fremder kalter Planet.

Nicht egal war mir dagegen Frau Ludewig, meine Sachbearbeiterin im Amt. Sie war, so schätze ich, Anfang dreißig, hatte aufgeklebte Nägel und eine intensive Duftkerze in ihrem Büro. Auf ihrem Tisch standen Plätzchen und Kaffeetassen: Es war Adventszeit. Vor ihr hatten fast alle Angst, denn sie galt als streng, und ihre Amtsbriefe schienen bedrohlich zu sein, allerdings verstand ich ihr Amtsdeutsch noch nicht. Ich fürchtete mich nicht – weder vor ihr noch vor ihren Briefen, denn ich war ja nur provisorisch hier und wollte ihre Hilfe, damit ich die paar Monate bis zu meinem Studium

überbrücken konnte. Danach würde ich bekanntlich in »meiner«
Jugendstilvilla in Dnepropetrowsk »meine« geisteswissenschaftliche Universität eröffnen.

Mein Deutsch war äußerst bescheiden, doch ich entschied mich
sofort gegen einen Sprachkurs: Keine Zeit verlieren, die Kommunikation mit dem Amt auf ein Minimum reduzieren – das war das
Motto! Ich verzichtete sowohl auf den Sprachkurs vom Arbeitsamt
als auch auf den akademischen Sprachkurs der Otto-Benecke-Stiftung, genannt »Beniki«. Die Otto-Benecke-Stiftung, die es bis heute gibt, zahlte ein pauschales Stipendium und dazu noch ein groß-
zügiges Reisegeld, sodass man am Ende sehr viel besser dastand,
als wenn man sich beim Sozialamt registrierte. Über all das sprachen wir im Wohnheim, nicht jedoch auf dem Amt. Allem, was
offiziell ist, misstrauten wir ehemaligen Sowjetbürger. Ich war zu
diesem Zeitpunkt keine Ausnahme und setzte stattdessen auf den
»menschlichen Faktor«, wie Michail Gorbatschow es nannte: Das
heißt, ich mied die staatlichen Institutionen und bemühte mich, die
Dinge »unter Menschen« zu diskutieren und auszumachen.

Neben der Verwaltung hatte das Amt sich auch noch auf die Fah-
ne geschrieben, uns irgendwie deutsche Kultur nahezubringen. Zu
diesem Auftrag gehörte vermutlich auch das Angebot von zwei So-
zialarbeitern, mit uns – etwa zehn russisch-jüdischen Flüchtlin-
gen – ins Kino zu gehen und den seinerzeit extrem erfolgreichen
Film »Schindlers Liste« anzusehen. Ob die Vietnamesen nicht eingeladen waren, weil sie mit diesem Teil der Geschichte nichts zu tun
hatten oder ob sie schlichtweg kein Interesse an dem Film hatten,
entzog sich meiner Kenntnis; ich frage mich allerdings bis heute,
warum man ausgerechnet diesen Film auswählte, um uns Deutschland zu erklären. Eine Antwort darauf habe ich bisher nicht gefunden.

Aufs Reutlinger Amt mussten alle. Zur jüdischen Gemeinde nach Stuttgart fuhren nur diejenigen, die auch Gemeindemitglied werden durften: Juden nach halachischer Definition, also die, deren Mütter jüdisch sind. Die jüdische Gemeinde hieß in der Sprache der Migranten »Gemeinda«. Ihre Vertreter kamen einmal im Monat nach Reutlingen-Rappertshofen, um uns, die Neuen, zu besuchen. Man munkelte, dass die Gemeindevertreter uns nicht nur kennenlernen wollten, sondern auch unsere Kühlschränke inspizierten und nachsahen, ob sie dort Würste oder anderes unkoscheres Essen fanden. In unseren altertümlichen Etagenkühlschränken war vor allem das von uns geschätzte Schweinefleisch zu finden. Bei Beschnittenen und Unbeschnittenen, bei Alt und Jung. Leicht, gesund, vegetarisch, Geflügel, koscher, koscher style, vegan, energetisch, laktosefrei – das kannten wir noch nicht, hier dominierte das leckere, fettige, extrem billige, in der Ukraine teure, begehrte, ganz und gar unkoschere Schweinefleisch.

Doch ich war bekanntlich nicht nach Deutschland gekommen, um mich den Fragen einer archaischen, kleinbürgerlichen Religion zu widmen; ich war auch nicht nach Deutschland gekommen, um mich schon wieder von Ämtern kontrollieren zu lassen. Als ich erfuhr, dass unsere Migration nach Deutschland in der UdSSR verächtlich »Wurstmigration« genannt wurde – wir seien nur gekommen, um besser zu essen, um eine bessere Wurst zu bekommen –, musste ich lachen. Gut zu essen, so meine damalige Erkenntnis, ist eine wunderbare Sache – wir hatten in den letzten sowjetischen Jahren schließlich ziemlich schlecht gegessen. Heute, 2016 in Brandenburg, zucke ich zusammen, wenn ich auf der Speisekarte mindestens acht verschiedene Schweinefleischvariationen finde – keine Chance für Juden, Moslems und Vegetarier. Stattdessen esse ich überwiegend vegane Wurst, die aus diversen Soja-Imitaten besteht. Ich liebe diese Wurst, weil sie trocken und fettfrei ist.

Ich wollte raus aus dem Heim, ich wollte studieren, und ich wollte, wie gesagt, keine monatelang dauernden Kurse besuchen. Die kundigen, jungen Nachbarn erzählten von einer »PNDS«, der Prüfung zum Nachweis der deutschen Sprachkenntnisse, die abzulegen ist, wenn man in Deutschland als Nichtmuttersprachler studieren möchte. Der nächste Termin war im März. In dreieinhalb Monaten eine Sprache lernen? Das wollte ich schaffen! Mich motivierte dabei zusätzlich das dominierende Gefühl, das ich inzwischen zur Genüge kennengelernt hatte – die Langeweile und die endlose Zeit, die einem Sozialhilfeempfänger zur Verfügung steht. Das Gefühl, einer zu sein, den niemand brauchte und auf den draußen niemand wartete. Viele, auch die jungen Leute im Heim, resignierten, wurden gleichgültig und apathisch. Ich hatte Angst vor diesem Zustand und handelte: Ich suchte mir einen Sprachkurs.

Unter einer deutschen Universität hatte ich mir eigentlich einen Tempel der Geisteswissenschaften vorgestellt; die Universität Stuttgart, die ich im Frühjahr 1994 kennenlernte, entsprach diesem Bild überhaupt nicht. Sie ist vielmehr ein schlicht und betont demokratisch im Stil der siebziger Jahre eingerichtetes »Café« der Wissenschaften. Dort fand ich einen Vorbereitungskurs für die Sprachprüfung, geleitet von einem Fünfzigjährigen, der uns nicht nur die Sprache beibringen, sondern auch über Deutschland aufklären wollte. Seine Schüler waren künftige Studenten aus der ganzen Welt. Eine der Aufgaben lautete: Welches Wort kommt im Deutschen am häufigsten vor? Die richtige Antwort, die unser Lehrer uns am Ende mit Freude verkündete, lautete: verboten. Viele lachten. Diese typische, selbstkritische Haltung ließ mich wieder an das Schild im Amt von Reutlingen denken: »Alle Menschen sind Ausländer.«

Wir lernten schon früh: Es gab nicht nur Deutsche und Ausländer, es gab Ausländer erster Klasse (Amerikaner, Spanier, Franzosen), es gab uns russische Juden, es gab Ausländer zweiter und dritter Klasse, Türken, Araber, nichtjüdische Russen, Ukrainer et cetera und unsere Heimnachbarn, die Vietnamesen. Und dann gab es noch Ausländer im eigenen Land, die ehemaligen DDR-Bürger, die mir in Baden-Württemberg schon bald auffielen und die alles andere als einheimisch wirkten. Der Unterschied zu uns: Sie mussten keinen Sprachkurs belegen.

Ich bestand die Sprachprüfung in einer wütenden Konzentrations- und Energieaktion und wusste: Jetzt kann ich endlich das tun, wofür ich gekommen bin: Ich kann studieren. Ich kann Frau Ludewig und ihr Amt hinter mir lassen – keine Kleiderspende mehr, kein Kontingentflüchtling mehr, sondern: Student. Ade, Reutlingen, hallo Tübingen!

Epochenwechsel

Epochenwechsel, die gleiche Bühne: August 2015. Ich fahre von Berlin nach Reutlingen. Bewusst, um den Ort des Geschehens nach vielen Jahren wiederzusehen. Die Haltestelle am Bahnhof, die nach Rappertshofen führt, heißt »Unter den Linden«. Ich habe längst vergessen, welchen Bus ich nehmen soll, und frage die Menschen an der Haltestelle. Niemand weiß Bescheid. Nur eine Frau reagiert, sie ist vielleicht sechzig Jahre alt, hat einen Einkaufskorb bei sich, trägt eine hellblaue Jacke. Sie liest die Fernsehzeitung und sagt mir: »Nummer drei«; doch man versteht sie kaum. Sie hat eine Behinderung und sitzt im Rollstuhl. Sie will in die Klinik nach Rappertshofen. »Da kennt sich jemand aus«, schwäbeln die Leute an der Haltestelle. Alle lächeln, ich auch, ich habe dazu noch ein schwäbisches Nussstängli im Magen, das gut tut.

Das jüdisch-vietnamesische Heim mit dem trinkenden rumänisch-deutschen Hausmeister steht nicht mehr da. Wie in Pripjat, der seit 1986 unbewohnten Stadt bei Tschernobyl, verwildert die Gegend um das abgerissene Gebäude. Doch die Fläche wird, im Unterschied zum lebensgefährlichen Pripjat, an manchen Stellen kultiviert. Fünf Bienenhäuser stehen am ehemaligen Seiteneingang des Wohnheims, die Bienen summen, es ist warm und sonnig. An der Stelle des ehemaligen Heims steht inzwischen der schaurig-schöne Bunker einer Catering-Firma. Draußen rauchen die in orange gekleideten Angestellten; die meisten haben, wie man so schön sagt, einen Migrationshintergrund. Sie liefern das Essen für Schulkantinen und auch für Pflegeheime, wie Rappertshofen heute eines ist.

Auf dem Amt, das, wie ich auf dieser Reise erfahre, fast exakt auf dem Platz der mittelalterlichen Reutlinger Synagoge steht (Kanzleistraße 2, Ecke Rathausstraße), scheint alles beim Alten zu sein, nur dass es dort keine »jüdischen Zuwanderer« mehr gibt, stattdessen die Abteilung Soziale Leistungen, Obdachlosen- und Flüchtlingswesen und eine Ausstellung mit dem Titel »In der Fremde: Heimat; Heimat: In der Fremde«, in deren Rahmen die Einwanderer der ersten Welle nach Reutlingen (Sechziger- bis Siebzigerjahre) porträtiert werden. Ich kann die Ausstellung zunächst nicht finden und erkundige mich, und auch die Mitarbeiterin des Amtes, die ich frage, hat keine Ahnung. Also schaue ich mich weiter um und finde sie, ein paar Meter von uns entfernt. Die Frau scheint jeden Tag daran vorbeigelaufen zu sein, ohne die Ausstellung jemals bemerkt zu haben. Wahrscheinlich hat sie viel zu tun und braucht die deutsche Symbolpolitik nicht. Denn die Ausstellung steht für diese Politik: Häkchen dran, und weiter geht's! Ich kann die Mitarbeiterin verstehen, auch wenn ich mich über das Ganze wundere.

Irgendwo in der Stadt soll es eine winzige Filiale der jüdischen Gemeinde Stuttgart geben. Die Reutlinger Gemeinde zählt circa 120 Personen – in etwa die gleiche Größe wie 1933 –, aber die Adresse ist in keiner Datenbank zu finden. Vielleicht hat die Gemeinde auch heute Angst, sich zu zeigen. Oder sie ist schüchtern und unsicher – so wie viele »Russen« es in Deutschland sind, insbesondere in der reichen schwäbischen Provinz. Und es handelt sich um eine nahezu hundertprozentig »russische« Gemeinde. Da ich die Gemeinde nicht finde, suche ich die neu entstandene Begegnungsstätte »Nikolaikirche« auf, in der das Judentum neben anderen Religionen präsentiert wird. Moses von Michelangelo, Martin Buber, Elie Wiesel, eine deutschjüdische Familie vor der Shoah, eine orthodoxe Familie aus Jerusalem und ein bärtiger Talmudschüler. So also stellen sich die Schwaben das Judentum vor. Keine Borjas, Iras, Stellas, Arthurs, Alenas, Vitaliks, keine Viktors mit Zigaretten, keine Vadims und Dmitrijs aus Reutlingen-Rappertshofen: kaum Juden von heute.

Bis 14.30 Uhr kann man in der Reutlinger Begegnungsstätte ein vegetarisches Mittagessen einnehmen. Ich verzichte dankend.

II.
DAS CHRISTLICHE ABENDLAND
MACHT FERTIG – UND JÜDISCH

Reutlingen – Tübingen

Meine selbsternannte Dienstreise

Wenn man in Tübingen ankommt, ist man ohne Vorwarnung in der Stadt. Praktisch gleich hinter dem Bahnhof mit seiner bundesrepublikanischen schwarz-weißen Uhr durchquert man einen Park und eine schöne, in sämtlichen Broschüren des Fremdenverkehrsamts abgebildete Platanenallee und steht dann vor der Alten Burse, einem Bau aus dem frühen 19. Jahrhundert, der die philosophische Fakultät beherbergt. Bursen, das lernte ich später, gab es schon seit dem Hochmittelalter, und sie waren so etwas wie der Vorläufer der Studenten-WGs. Wohngemeinschaft – dieses westdeutsche Konzept war mir damals genauso unbekannt wie die Institution einer Frauenbuchhandlung, die sich direkt neben der Alten Burse befand und deren Existenz ich sehr verwundert zu Kenntnis nahm.

Mit meiner erfolgreich absolvierten Sprachprüfung stand mir der Weg frei für die Immatrikulation. Mein Diplom in Geschichte, das noch von der Universität Dnepropetrowsk ausgestellt worden war, wurde vom Stuttgarter Kultusministerium nur als Grundstudium anerkannt; dass damit de facto praktisch mein halbes Studium nicht anerkannt wurde, kümmerte mich wenig, denn ich war, wie ich fand, noch jung genug, zweiundzwanzig Jahre alt. Recht bald würde ich merken, dass viele meiner deutschen Kommilitonen in dem Alter überhaupt erst anfingen zu studieren.

Für ein Magisterstudium benötigte man mindestens zwei Fächer. Geschichte konnte ich also im Hauptfach fortführen, dazu wählte ich Slawistik und Komparatistik als Nebenfächer. Nun sollte es also endlich losgehen!

An der hiesigen Universität angekommen, besuchte ich die Vorlesungen der deutschen idealistischen Philosophen und Theologen Rüdiger Bubner und Eberhard Jüngel, in der Absicht, mir die »abendländische Kultur« anzueignen und zu erschließen: die idealistische, christliche europäische Kultur. Bubner ist ein Schüler von Hans-Georg Gadamer. Gadamers *Wahrheit und Methode* hatte ich auf Russisch gelesen. Ich war fasziniert – das Buch erklärt die Welt des Verstehens.

»Aber er war doch auch ein Nazi wie Heidegger«, hörte ich immer wieder. »Na und, verbrennt man jetzt seine Bücher?«, rief ich schweigend zurück. Ist man ein besserer Mensch, wenn man auf jemanden zeigt und dabei laut sagt: »Ein Nazi!«?

Mein Ziel lautete: europäische Kultur. Wenn Heidegger oder Gadamer über Platon schreiben, sind sie doch keine Nazis – so dachte ich. Aber wenn sie als Intellektuelle das Hitlerregime unterstützt haben, sind sie Nazis – meinten die Tübinger Kollegen, die 1968 dafür gekämpft hatten, die braune Vergangenheit Deutschlands aufzudecken. Sind die europäische Kultur, das Christentum, die Philosophie »größer« als der Nationalsozialismus oder der Bolschewismus? Sind sie. Sind der Nationalsozialismus und der Bolschewismus deswegen aus dem Jahrhundert und seiner Kultur wegzudenken, wie es mir damals vorschwebte, der ich das Jahrhundert »reparieren« wollte?

Diese Fragen trieben mich um und beschäftigen mich bis heute.

Zunächst aber hatte ich ganz praktische Sorgen: Ich musste es schaffen, den Lehrveranstaltungen folgen zu können. Mein Sprachkurs in allen Ehren, aber ich verstand höchstens 40 Prozent von dem, was ich in den Vorlesungen und Seminaren hörte. Bei der Lektüre der Bücher tat ich mich leichter, da ich ohne Zeitdruck, mit einem Wörterbuch an der Seite, vorgehen konnte. Und je mehr ich las, umso mehr bekam ich mit, was um mich herum gesprochen wurde, und umso besser konnte ich mich auch selbst verständlich machen.

Wer allerdings kein einziges Wort Deutsch sprach, war Ljuda, meine Frau. Sie war inzwischen ebenfalls in Tübingen eingetroffen und wohnte mit mir in einem winzigen Apartment im Studentenwohnheim. Die Sprache würde sie erlernen können, aber auch sie musste zunächst einmal ihr Diplom aus Dnepropetrowsk anerkennen lassen.

Wir waren nun beide physisch in Germanija, merkten aber bald, dass wir so etwas wie Heimweh bekamen. Ich vermisste die russische Kultur, für die ich mich – das ist vielleicht eine Erfahrung, die viele Emigranten teilen – stärker zu interessieren begann als vor der Emigration. Ich wollte mehr darüber wissen und suchte das Institut für Osteuropäische Geschichte und Landeskunde auf. So gelangte ich schließlich ins Neuphilologicum, einen grässlichen Betonbau aus den Siebzigerjahren, der eine großartige slawistische Bibliothek beherbergt. Dort fand ich eine riesige Auswahl an im Westen publizierten Werken, die in der Sowjetunion verboten gewesen waren – alles zur freien Verfügung! Die idealistischen Philosophen des ersten Drittels des Jahrhunderts. Auch die sowjetischen Dissidenten-Autoren der Nachkriegszeit. Viele von ihnen lebten und starben im Exil: in Paris, Berlin, Istanbul, Boston oder New York. Die wenigsten konnten sich in ihren neuen Gesellschaften Gehör verschaffen. Sie lebten meistens am Existenzminimum, arbeiteten bestenfalls prekär. Irgendwann wurden sie von den Nazis (wer kein Jude war) und später von den Geheimdiensten (wer bereit war, gegen die Bolschewiki zu arbeiten) gesucht und gefunden. Dann bekamen sie einen Job – als Unidozenten oder Journalisten. Sie publizierten in der von kaum jemandem gelesenen westlichen Emigrantenpresse auf Russisch. Die winzigen Emigrantenverlage in Deutschland und Frankreich druckten ihre Werke, die nun in der Tübinger Bibliothek standen. In den späten Achtzigerjahren erschienen ihre Texte schließlich auch in ihrer alten Heimat und wurden in Millionenauflagen gedruckt – was für eine Genugtuung! Ich bin bis heute der Meinung: Wenn Millionen Russen und Ukrainer diese Autoren kennen und schätzen, so sollten deren Werke auch hier, in Deutschland, bekannt werden. Ich wollte die russische idealistische Philosophie, die literarische und die religiöse, nach Deutschland tragen und hier weiterentwickeln. *Das* bedeutete für mich europäischer Kulturaustausch, den ich befördern wollte, solange ich mich auf dieser selbsternannten Dienstreise befand!

Wie konnte man in der Sowjetunion der späten Achtzigerjahre zum Philosophen werden? Ganz einfach, zumindest, was mich persönlich betraf! Ich ging in Dnepropetrowsk zur Post, ein karger Kellerraum in der Vakulentschuk-Straße, benannt nach einem revolutionären heroischen Matrosen, und bekam dort jeden Monat ein Kleinod, einen der Bände mit den Werken der russischen Philosophen. Sie waren häufig mit Goldschnitt oder wenigstens einer Goldprägung versehen und wirkten auf mich feierlich, schön und von unschätzbarem Wert. Wir dachten damals, die Inhalte dieser Bücher könnten die Welt radikal verändern, unsere graue asphaltierte Realität verbessern. Unsere Welt der kaputten Zweizimmerwohnungen mit ihren Durchgangszimmern.

Nicht Marx verbessert unsere Realität, so meine damalige Überzeugung, sondern die religiösen Anti-Marxisten, die russischen Religionsphilosophen Nikolaj Berdjaew, Wladimir Solowjew und Sergej Bulgakow, die so lange verboten gewesen waren. Ich war sicher, ihre Bücher würden uns helfen. Die Emigration mit diesen Büchern sollte das riesige Chaos des Zerfalls meiner Heimat ungültig, unbedeutend, unwirksam machen. Sie sollten mit der Welt einer in Deutschland bestimmt noch existierenden und aktiv gelebten deutschen idealistischen Kultur in ein symbiotisches Verhältnis gebracht werden, bevor ich nach Dnepropetrowsk zurückkehren und meine private geisteswissenschaftliche Universität gründen würde. Die Welt würde die Bücher – und mich – hören. Die Frage, die ich mir damals nicht stellte, lautet: Welche »Welt«, zum Henker? Und wie soll dieses »Hören« überhaupt funktionieren?

Aus heutiger Sicht sehe ich natürlich das fast schon absurde Pathos hinter dieser Vorstellung, doch ich glaubte damals tatsächlich an diese Symbiose. Und nicht nur ich, sondern viele andere aus meiner Generation. In unseren Gedanken waren wir Europäer, wie es sie in Europa seit den späten Zwanzigerjahren kaum noch gegeben hatte. Wir wollten die Uhren des 20. Jahrhunderts zurückdrehen. Siebzig Jahre Sowjetunion hatten uns von der Weltkultur abgeschnitten, und wir hatten eine Menge nachzuholen. Zu diesem Zweck und zu keinem anderen war ich nun in Tübingen gelandet. Ohne es erwartet zu haben, traf ich jedoch ausgerechnet hier, in der schwäbischen Universitätsstadt, auf eine Welt, die wirkte, als sei sie diesem zeitlosen Russland entsprungen, von dem ich immer träumte.

Die UdSSR am offenen Herzen wegoperieren

Eine imposante Dame wurde mir vorgestellt. Sie war klein, hatte eine Behinderung und half sich beim Gehen mit einem Stock. Ihr

Name war Lidija Druskin. Sie lebte mit ihrer Mutter, Nina Anto-
nowna, und ihrem Hund, Kora, irgendwo auf einem Tübinger Berg.
Ihr Mann, Lew Druskin, war ein sowjetisch-jüdischer Dichter, ein
Dichter klassischer Schule. Die Familie war in den Achtzigerjahren nach Tübingen emigriert. Druskin war glücklich hier, aber auch
sehr krank – er war seit seiner Geburt körperlich schwerstbehin-
dert, verstarb hier und ruht nun auf dem Tübinger Bergfriedhof.
Wie ein anderer Schriftsteller einmal über ihn sagte, war er sowjetisch und antisowjetisch zugleich. Dazu noch jüdisch, internationalistisch und humanistisch. Doch wer brauchte in Tübingen diese
Mischung, wer interessierte sich für die Sowjetunion um die Mitte
des letzten Jahrhunderts?

Auf jeden Fall ich. Nach dem Wohnheim in Reutlingen ließ mich
das Tübinger Haus der Druskins staunen und machte mich bisweilen richtig glücklich. An den Wänden hingen echte, etwas melancho-
lische Bilder berühmter russischer Künstler. In den Regalen standen Tausende von Büchern. Dazu eine interessante Mischung aus
prominenten Gästen aus Russland, deutschen Freunden, wichtigen
Leuten aus der Universitätsstadt. Es war nicht so, dass ich gleich vor
Ehrfurcht erstarrt wäre, doch ich hatte einen gewissen Respekt vor
dieser Gesellschaft. Dazu kam, dass ich mit der deutschen Sprache
inzwischen ganz gut zurechtkam, aber völlig überfordert war mit
nonverbaler Kommunikation und den ungeschriebenen Benimmregeln. Wenn ich zu den Druskins kam, zog ich anfangs im Flur
meine Schuhe aus und war schließlich der einzige im Salon, der So-
cken zum Sakko trug. »Das brauchen Sie nicht zu machen«, sagten
mir die Druskin-Damen und lächelten mich freundlich an. Ich errötete und fügte mich natürlich.

An einem dieser Abende wurde ich bei den Druskins zwei schlan-
ken, älteren Herrschaften vorgestellt, Ludolf und Gerlinde Müller,
dem bedeutendsten deutschen Slawisten der Nachkriegszeit und

seiner Frau. Müller war auch Experte für die Werke Dostojewskis und des Philosophen Wladimir Solowjow, über den ich in Deutschland arbeiten wollte. Gleich hatte ich das Gefühl, jemanden getroffen zu haben, der wichtig für mich und mein Leben sein würde und vor dem ich keine Angst haben musste.

Kurz danach erlebte ich Müller am Bergfriedhof an Druskins Grab, wie er das Kaddisch las – dies war meine Premiere dieses Gebets, und zwar aus dem Mund eines tief gläubigen evangelischen Christen. Er las den Text auf Hebräisch und auf Deutsch. Der Inhalt, die Heiligung und Lobpreisung Gottes, war für mich noch gänzlich ohne Relevanz, die Situation aber von großem Interesse. Eine Gruppe aus bürgerlich angezogenen und akkurat frisierten Menschen parkte ihre Autos vor dem Eingang, ging zum Grab auf dem Friedhof, der mehr einem Wald als einem Friedhof ähnelte, und versammelte sich anlässlich Druskins schon einige Jahre zurückliegenden Todestages um den Stein. Ludolf Müller nahm einen Zettel aus seiner Tasche und las. Alles wirkte so strukturiert, sauber und würdig. Mit dieser Geste gegenüber Druskin wurde auf diesem Tübinger Friedhof auch die russische Kultur wertgeschätzt. Müller hatte Druskin eine deutsche Stimme gegeben – er war der Übersetzer seiner Gedichte, wie übrigens auch der Bücher von Anna Achmatowa, Ossip Mandelstam und Boris Pasternak. Aber woher konnte der ältere Deutsche überhaupt Hebräisch? Langsam glaube ich, die Spuren des Jüdischen in Germanija überall zu finden – so wie die Chanukka-Lichter in jedem Fenster, die sich als Adventskerzen erwiesen.

Ist dieses Deutschland, das einst die Juden vertrieb und vernichtete, heute doch wieder auf dem Weg, ein jüdisches Land oder zumindest ein Land mit vielen jüdischen Spuren zu werden? Wenn ja, dann ist es eine sehr schöne Mischung, mit der ich mich in Germanija gut zurechtfinden werde – diese Deutschen schätzen die rus-

sisch-jüdischen Dichter, und sie sind alle irgendwie ein wenig jüdisch. Aber was war mit den Nazis? Waren die nur eine Episode
unter vielen anderen? Anfang der Neunzigerjahre hatte ich darauf
keine Antwort.

Einige Zeit später stellte Lidija Druskin mich anderen Freunden vor,
einer Moskauer Familie. Mit einer winzigen, doch spürbaren Unter-
kühlung in der Stimme bereitete sie mich auf unseren Besuch bei
dieser Familie vor: »Das ist echte Moskauer Elite, gebildet und etwas hochnäsig. Die Reichmanns. Ich möchte, dass Sie sie kennenlernen.« In Lidijas Stimme schwang keine Zuneigung mit – eher
Respekt. Moskauer Elite versprach mir nichts Gutes. Ich stammte
aus der ukrainischen Provinz – das ist so, als würde ein Schwabe,
der breiten Dialekt spricht, heute auf die coolen Weltbürger in Berlin-Mitte stoßen – nur ohne Geld! Doch ich war neugierig auf die
Moskauer Elite und ihre Kultur und machte gute Miene.

Die Reichmanns – Larissa Moiseewna und Solomon Petrowitsch –
waren zu Hause, als Lidija und ich ankamen. Sie wohnten in einem
imposant wirkenden Dachgeschoss, das man über die hohe saubere
Treppe eines schwäbischen Einfamilienhauses erreichte. Nirgend-
wo war ein Körnchen Staub zu entdecken (schwebten sie hier alle,
statt auf dem Boden zu laufen?), nur diverse Kränzchen hingen an
den Eingangstüren und überall gab es Blumentöpfe, sehr viele Blumentöpfe – und natürlich wieder die russische Welt mit sehr vielen
Büchern.

Wir mochten uns auf Anhieb, und die Reichmanns begannen umgehend, mich über mein Leben und meine Familie auszufragen. Als
ihr Sohn und dessen Frau, die beide ein paar Jahre älter sind als ich,
dazustießen, wurde ich langsam etwas lockerer, denn ich merkte,
wie entspannt die Familie miteinander umging. So selbstverständlich und nonchalant kannte ich das noch nicht – weder aus meiner

Heimat noch aus Deutschland. Zuerst waren ihre Kinder – Petja und Sascha – nach Deutschland gekommen, in die gerade untergehende DDR. Damals gab es noch kein Programm für Kontingentflüchtlinge, genaugenommen gab es noch überhaupt kein Konzept namens Kontingentflüchtling, sondern die beiden hatten sich ein Ticket nach Ost-Berlin gekauft und waren einfach geblieben, wie viele andere auch. Dann waren ihre Eltern nachgekommen.

Dass Petja, der Sohn, schon viel länger hier war als ich, merkte man nicht zuletzt an seiner Kleidung: Er trug eine hochwertige Jeans und ein lässiges westliches T-Shirt mit einem israelischen Aufdruck (in Russland wäre so etwas unvorstellbar gewesen!). Ich trug stolz meine Dnepropetrowsker Klamotten, meine Basis, meine Sicherheit, und bemühte mich, im Gespräch mit Witzen, Komplimenten und meinen Kenntnissen über Literatur zu brillieren. Die Reichmanns sprachen ein feines Hochrussisch, das mit einem leichten Intelligenzija-Jargon garniert war, während mein Dialekt – ein zu diesem Zeitpunkt noch ziemlich ukrainisiertes Russisch – meine jüdisch-proletarische und zugleich kleinbürgerliche Herkunft zeigte. Wie gesagt: ein Schwabe in Berlin. Oder ein Dnepropetrowsker in Tübingen.

Die Familie Reichmann wurde für Jahre zu meiner und unserer Ersatzfamilie. Nein: zu unserer Familie. Sie waren nicht »global«, »sowjetisch«, »russisch«, »universalistisch«, »deutsch« – sie waren und sind vor allem eines: jüdisch! Zum ersten Mal erlebte ich eine derart klare Selbstdefinition, der alles andere untergeordnet wurde. Selbst die Vergangenheit.

Sie waren stark antisowjetisch, sind es in Deutschland immer stärker geworden. Sie lehnten unsere zerfallene Heimat, die UdSSR, massiv ab, die neue Heimat, Russland, existierte für sie überhaupt nicht. Oder anders formuliert: Sie existierte für sie, aber in einer radikal negativen Form. Ein antisemitisches, dunkles, gefährliches

Land. Und obwohl sie inzwischen in Deutschland lebten, wurde das große Leben da draußen immer enger und unbedeutender. Petja und seine Frau Sascha entdeckten das religiöse Judentum für sich, was für die ältere – atheistische – Generation unmöglich war. Die beiden jungen Reichmanns hingegen wollten das Jüdische nicht mehr nur als eine schweigende Basis leben, sie wollten es vordergründig, exklusiv, aktiv leben. Offensiv.

Noch aßen wir alle Schweinefleischschnitzel und Wurst, doch schon bald fing die Familie an, am Freitagabend den Kabbalat Schabbat zu feiern, den Abend der Schabbat-Ankunft. Ljuda und ich durften an dem schönen Abendessen im Kreise der Familie, mit Gebeten und Kerzen am gedeckten Tisch, teilnehmen. Nach einer anstrengenden und meistens ziemlich einsamen Woche mit deutscher Philosophie und ermüdenden Sprachkursen war dies ein großer Lichtblick für uns beide.

Weiße Tischdecken, Kerzenleuchter, feines Geschirr – ich liebte die aufwendige Dekoration. Noch wurden nach dem Kerzenanzünden Lieder von Bulat Okudschawa und Alexander Galitsch, den sowjetischen Liedermachern, gesungen. Noch gingen Kultur, Erinnerung und Religion in unseren feierlichen Abenden nicht ganz auseinander. Wir aßen, tranken und redeten – für uns alle war es eine Art Heimat mitten im fremden Tübingen. An einem Thema jedoch schieden sich immer wieder unsere Geister: Reichmanns dachten partikulär, jüdisch, während ich argumentierte: Wir dürfen nicht nur über unsere eigenen Schmerzen reden, wir müssen auch über die Schmerzen der anderen nachdenken. War das nicht eine der wichtigsten Lehren des 20. Jahrhunderts?

Als Antwort auf diese Frage erhielt ich von meinen Freunden das Buch *Taufe oder Tod*, ein Buch über die spanischen Juden, die den Tod der Taufe bevorzugt haben. Beim Lesen empfand ich eine Mischung aus Pathos und leichtem Zynismus und fühlte, dass ich der

Frage sehr gespalten gegenüberstand. Und das ziemlich tief, wie mir später klar wurde.

Die Reichmanns, allen voran der kluge, autoritäre und sehr imposante Solomon Petrovitsch, amputierten ihre eigene Vergangenheit. Die Operation wurde jeden Abend am offenen Herzen der Erinnerung durchgeführt. Und zwar ohne jegliche Anästhesie. Sie waren wie alle Juden der sowjetischen Großstädte die Enkel des Ansiedlungsgebiets, der so genannten *cherta osedlosti* im Zarenreich, in dem Juden bis 1917 zusammenleben mussten und das sie kaum verlassen durften. Das waren die heutigen ukrainischen und weißrussischen Gebiete, die westlichen Ränder des Russischen Reiches. Die Großstädte wie Moskau waren für Juden jahrhundertelang praktisch geschlossen. Nach der Revolution von 1917 fielen diese Schranken, und die Eltern der Reichmanns strömten, wie Millionen anderer Juden des Ansiedlungsrayons, in die Metropolen, dorthin, wo es Leben und Perspektive gab. Sie verwirklichten begeistert das sowjetische Experiment. Das Experiment der Großindustrialisierung und Modernisierung des Landes, das Millionen von Menschenleben gefordert hatte, war aber gründlich misslungen. Gründlich, total, absolut schief gelaufen. Die Sowjetunion hatte die Menschen verdorben und jegliche Freiheit vernichtet.

Jetzt – im winzigen, schwäbisch-universitären Tübingen – haben die Reichmanns ihr Schtetl endlich gefunden. Beschauliches Kleinstädtchen, kein Moskau. Ein Schtetl mit einem Fenster zum Hof – zur großen Welt. Diese klugen Menschen zerstörten vor meinen Augen ihr großes vorheriges Leben, denn sie hatten in diesem, aus ihrer jetzigen Perspektive furchtbaren Land, Russland, so viel erreicht – und so viel gelitten. In all diesen Instituten, Forschungszentren, Kliniken, in denen sie erfolgreich gearbeitet hatten und wo sie von den Kollegen geschätzt wurden, waren sie ununterbrochen mit dem Antisemitismus konfrontiert gewesen, der in der Sowjetunion der Nachkriegszeit einen sehr deutlichen Charakter hatte: Menschen mit dem Vermerk »Jude« im Personalausweis und mit einem jüdischen Namen waren einigen beruflichen Nachteilen und vielen alltäglichen Leiden, darunter diesem groben »Du Jude!« ausgesetzt. Sie konnten zwar eine gewisse Karrierestufe erreichen, aber nie in leitende Positionen aufsteigen, wie es für den hochtalentierten Solomon möglich und nur logisch gewesen wäre.

Nun, nach der Emigration, rehabilitierten sie ihr kleines, ihr eigenes, ihr Familienleben. Ihr großes widersprüchliches sowjetisches Leben landete in einem schwarzen Loch der Ablehnung und des Horrors. Diese Radikalität der Trennung war mir damals zutiefst fremd. Denn ich wollte das Land, das für die Reichmanns wie eine nicht gut riechende Leiche der schlimmen antisemitischen Vergangenheit war, zu neuem und besserem Leben reanimieren.

Ich warf ihnen Reduktionismus vor – wie kann man bloß »das alles«, unser Land und unser Leben, nur unter einem Gesichtspunkt, dem jüdischen, sehen und auf den Antisemitismus der anderen reduzieren? Doch da war nichts zu machen: Ich träumte von einer unmöglichen Zukunft, während die Reichmanns das sowjetische Russland, an dem sie jahrzehntelang in ihren akademischen Berufen und ihrer Selbstdefinition durch Kunst und Kultur so kreativ mitgebaut hatten, inzwischen für chronisch und unheilbar antisemitisch hielten.

Mit der Auflösung der Sowjetunion löste sich der überall zu spürende Antisemitismus nicht auf, sondern wurde – quasi parallel zum Erstarken des russischen Nationalismus – überhaupt erst salonfähig. Die Wiederentdeckung wunderschöner russischer Architekturdenkmäler, meist Kirchen, die während der Sowjetzeit kaputt, geschlossen oder beides waren, ging mit einem neuen kollektiven Gedächtnis einher und führte zur Erstarkung einer bereits in der spätsowjetischen Zeit existierenden Bewegung namens »Pamjat« – Erinnerung, Gedächtnis –, die schon seit 1980 ihr nationalistisches Gedankengut verbreitet hatte.

Pamjat machte sich die Rettung der beinahe verschwundenen russischen Vergangenheit zur Aufgabe und hatte auf die Frage, wer diese russische Vergangenheit vernichtet habe, eine sehr prägnante Antwort: »Die Juden!« Gemeint waren die Millionen Bolschewiken jüdischer Herkunft, die nach 1917 die russische Kultur und die orthodoxe Kirche angeblich gezielt vernichten wollten. Das ist eine Lüge. Denn die Bolschewiken, darunter auch jüdische, wollten nach 1917 *jede* Religion vernichten, speziell und vor allem die jüdische. Also ihre eigene. Dafür war die Evsekcija, die jüdische Sektion der Kommunistischen Partei, zuständig.

Sie waren nicht anders als die russischen, ehemals christlichen, Bolschewiken, die ihrerseits beabsichtigten, die russische Kultur, darunter die orthodoxen Kirchen, zu vernichten. Die Kirchen, Synagogen, Moscheen, buddhistischen Tempel galten als ein Überbleibsel der für immer überwundenen Vergangenheit und sollten zerstört, umgebaut oder umfunktioniert werden. Doch das Mantra von Pamjat lautete: Die Juden haben *unsere* Kultur zerstört. Jetzt zerstören wir die der Juden. Aus dem engen Kreis der Pamjat-Anführer und aus den Bürostuben des immer schwächer werdenden KGB sickerten gegen Ende der Achtzigerjahre Gerüchte: Es werde auf dem ganzen Territorium der UdSSR bald zu antijüdischen Pogromen kommen. »Koffer, Bahnhof, Israel« skandierten Tausende auf zahlreichen Demos, vor allem in den Großstädten. Die sowjetischen Juden – vor allem in den Großstädten – reagierten. Auch sie wurden national(-er). Nationalistischer. Jüdischer. Israelischer. Sie verließen das Land, das zunehmend und unaufhaltsam zu einem riesigen Friedhof internationalistischer und kommunistischer Ideen wurde. Doch jetzt wurden keine Särge durch die Gegend getragen, wie es die Avantgarde-Künstler der Zwanzigerjahre noch mit den bürgerlichen Werten öffentlich zelebrierten. Stattdessen wurden Internationalisten in den Neunzigerjahren zu Nationalisten und entdeckten ihr russisches, ukrainisches, kasachisches, jüdisches Volk, das früher eine »stolze sowjetische Nation« unter vielen anderen sozialistischen Nationen war – oder zumindest hätte sein sollen. Doch irgendwann, so finde ich, muss man aufhören, in der Vergangenheit zu grübeln. Das klingt leichter, als es ist, denn auch ich habe dafür sieben bis acht Jahre gebraucht – und ich habe nach dem Zerfall der Sowjetunion nichts Materielles verloren, weil ich nichts Materielles besessen hatte.

Das Jüdische hingegen, das mir ja die Auswanderung erst ermöglicht hatte, spielte für mich in dieser Zeit kaum eine Rolle. Wer braucht schon die unbekannte fremde Religion angesichts dieser Dichte von Themen, Menschen und Erwartungen in dieser sich so rasant verändernden Welt? Die Welt der europäischen Kultur, die ich nun täglich in mich aufsog, war riesig, und meine Mission, diese Kultur in die ehemalige Sowjetunion zu bringen, stellte eine große Herausforderung dar. Im Gegensatz dazu wirkte der Weg in die jüdische Gemeinde eng und provinziell. Was sollte ich dort?

Kulturelle Codes

Ich lernte in dieser Zeit viel von meinen Freunden, von dem ich glaubte, dass ich es gut brauchen kann, wenn ich Deutschland wieder verlasse. Dass ich es bald verlassen würde, daran hatte ich nach wie vor überhaupt keinen Zweifel. Ich verdrängte zu diesem Zeitpunkt das deutsche Leben nicht, sondern ließ es, wie ich aus heutiger Sicht feststelle, gar nicht erst an mich herankommen. Deswegen werden mir die ersten Jahre in Deutschland später wie eine abwesende, nicht greifbare Zeit vorkommen, wie ein Schweben im All.

Das Programm in meinem Kopf war immer noch eindeutig: Nimm alles mit, sauge es so schnell wie möglich auf, du musst wieder zurück, um deine Heimat zu verändern, die dringend eine kulturelle Generalüberholung benötigt: Russland und die Ukraine waren lebendig, aber kaputt. Ich hatte nach wie vor meine Mission, nämlich die Gründung meiner Universität ...

Doch davor wollte ich versuchen, nicht nur die deutschen Philosophen zu studieren und zu verstehen, sondern auch die kulturellen Codes zu entschlüsseln, die ich an der Universität vorfand und die einem in keinem Lehrbuch der Bibliothek erklärt wurden. Ich war ziemlich verwirrt: Einerseits kam mir diese Tübinger Welt furchtbar bürgerlich vor, andererseits gaben sich viele ihrer Mitglieder als furchtbar revolutionär aus. Was war hier los?

Es begann mit der Selbsteinschätzung meiner Kommilitonen und Professoren. Viele von ihnen schmückten sich damit, dass sie in ihrer Jugend alle irgendwie Trotzkisten, Maoisten, Kommunisten, Mitglieder diverser »K«-Gruppen waren, und erzählten davon, als seien das nette, ja sympathische Jugendsünden gewesen. Zugleich jedoch spürte ich einen latenten Vorwurf an uns »Russen«: Entweder wurden wir verdächtigt, mit dem KGB zusammengearbeitet zu haben, oder aber man ging davon aus, dass das »Leben im Totalitarismus« bei uns eine Dauermacke hinterlassen hat, die uns letztlich nicht wirklich zu einem Leben im ach so aufgeklärten Westen befähigte. Die gleichen Vorurteile wurden übrigens auch gegenüber den Leuten aus der DDR an den Tag gelegt.

Aber: Warum wirkten meine linken Universitätskollegen derart befremdlich bürgerlich auf mich? Die Antwort lautet: Ich habe zu viele Bücher über die Jahre 1917 bis 1925 gelesen, in denen die russischen (und auch Millionen russisch-jüdischer) Revolutionäre absolut idealistisch und prinzipiell antibürgerlich lebten und agierten. Wir, die Perestrojka-Idealisten, wollten zurück zu dieser angeblich »sauberen«, gerechten Welt, wir blendeten die Massaker der frühen revolutionären Jahre aus, wir, die Leser der Zeitungen und Zeitschriften der Gorbatschow-Ära, suchten den »ehrlichen« Sozialismus – bei den enttäuschten Tübinger Altachtundsechzigern war er jedenfalls nicht zu finden. Die liebten teure Möbel, silbernes Geschirr und guten Wein. »Warum nicht?«, denke ich heute, einen guten Wein trinkend! »Wie brutal verlogen!«, dachte der Dnepropetrowsker Idealist von damals, der in seiner Einzimmerwohnung eine Cola schlürfte.

Geprägt von den sowjetischen Büchern, Filmen und Mythen glaubte ich damals: entweder links oder bürgerlich. Wenn meine deutschen Kollegen über Russland sprachen, wirkten sie locker und aufgeräumt – sie kritisieren etwas weit entfernt Liegendes und merkten gar nicht, wie sehr sie damit einen kleinen, zerrissenen »Neu-Ukrainer« in Tübingen verletzten. Hinter der Ostgrenze der EU sahen sie nach wie vor die »rückständigen Ostblock-Leute«, diese »Sowjets«, die »Stalinisten«; Polen, Tschechen und, nicht zu vergessen, Ostdeutsche wurden ähnlich gesehen, doch die »Russen« waren ihrer Meinung nach die schlimmsten. Nur bei Juden machen sie eine Ausnahme, oh, dieses Deutschland mit seinem ewigen »Sonderstatus« für Juden!

Wie kamen sie nur auf die Idee, die Wurzeln des Bösen in meinem Land zu suchen? Verdrängten sie ihre nicht aufgearbeitete nationalsozialistische Familiengeschichte, indem sie sie einfach verdrehten?

Meine Auseinandersetzung in diesen Neunzigerjahren war eine doppelte: Ich polemisierte gegen die absolute Ablehnung der angeblich rein antisemitischen sowjetischen Vergangenheit, wie sie beispielsweise die Reichmanns äußerten. Und ich trat, sofern meine sprachlichen Fähigkeiten es mir erlaubten, in ein kritisches Gespräch mit meinen Kollegen in Tübingen, die sich in meinen Augen etwas leisteten, was ich überhaupt nicht akzeptieren konnte, nämlich eine völlig unbegründete Arroganz meinem Land gegenüber. Eine Arroganz, die sich für aufklärerisch hielt, für gut hielt. Für besser hielt.

Mir wurde sehr bald klar, dass ich in diesen Milieus der Osteuropa-Experten auf keinen Fall meine Zukunft finden würde. Doch das Gefühl, mich nicht artikulieren zu dürfen (»Lassen Sie doch Ihre russischen philosophischen Träumereien!«), schweigen zu müssen, Zeit verloren zu haben – das blieb bis heute. Es tut nicht mehr weh, aber wenn ich daran zurückdenke, schüttele ich nur den Kopf – auch über mich damals.

Einiges wiederholte sich im Jahr 2014, als während der Ukraine-Krise die Osteuropa-Zunft zunächst unerklärlich lange schwieg und dann plötzlich anfing, im Stil der rechten Medienpropagandisten dieses Landes einen kollektiven »Putin« zu bekämpfen – sie nahmen alles Russische, klebten das Etikett »Putin« drauf, nannten die Opponenten »Putin-Versteher« und schienen glücklich oder zumindest zufrieden: Sie hatten etwas dagegengesetzt. Doch ich glaube, dass sie de facto nicht »Putin« bekämpften und sich gar nicht mit dem autoritären russischen Präsidenten und seinem System auseinandersetzten, sondern erneut ihre eigene Vergangenheit bekämpften, die kommunistische und maoistische – und die Vergangenheit ihrer Eltern und Großeltern sahen, die um »Lebensraum im Osten« gekämpft haben. Heute soll dieser »Osten« nun europäisiert werden, doch zwischen ihm und dem Westen besteht nach wie vor eine tiefe Distanz, und die wurde medial eher noch vertieft.

Die Experten und Medienvertreter in Germanija (unvergesslich das Interview zwischen Putin und Jörg Schöneborn: »Wie heißen Sie eigentlich?« – »Jörg Schöneborn, Herr Präsident.« – »Gut, Jörg, darf ich Ihnen etwas erklären?«) sollten dem schnellen, intelligenten, nachtragenden und gefährlichen russischen Präsidenten ein kollektives Dankeschön schreiben: Zwei Jahre lang konnten sie sich an dieser immer abstrakter werdenden Figur abarbeiten, ohne im Verständnis des Landes – Russlands, geschweige denn der Ukraine – irgendwelche Fortschritte zu machen. Der Kalte Krieg hatte viele deutsche Intellektuelle, die sich mit der Sowjetunion auskannten, mit sich und ihrem Blick auf das »Reich des Bösen« selbstzufrieden gemacht. Der politische kalte Wind der vergangenen Jahre reanimierte das verstaubte Vokabular der Siebziger- und Achtzigerjahre und wühlte diesen ideologischen Blätterhaufen der vergangenen Jahrzehnte auf – eine vernünftige Analyse der in der Tat hochkomplexen Konfliktlage in der ehemaligen Sowjetunion entstand daraus nicht. Dafür wurde der kalte Wind bald zu heißer Luft – und gebar neue Vorurteile, die mich schmerzten, weil sie durchaus Massenverbreitung fanden.

Ich werde christlich und will zurück nach Dnepropetrowsk

Meine Frau und ich reisten – Bafög sei Dank – in dieser Zeit nach Paris, Budapest, Madrid, Istanbul, Rom, Venedig und Florenz. Nach Krakau und von dort nach Auschwitz. Immer mit dem Gedanken eines eiligen Touristen im Hinterkopf: Das alles müssen wir gesehen und erlebt haben, bevor wir zurückgehen, denn wer weiß, vielleicht werden die Grenzen auch bald wieder geschlossen. Ein abwegiger Gedanke von damals, der heute leider gar nicht mehr abwegig klingt: Die einst scheinbar für immer gefallenen Grenzen entstehen gerade wieder, und zwar in allen Himmelsrichtungen Europas. Wer hätte das gedacht? Die Geschichte der Auseinandersetzungen zwischen Ost und West schien mit dem Ende des Kalten Krieges ein für allemal vorbei. Der Kommunismus war besiegt, der Kapitalismus stand als stolzer Sieger da. Ich sah diesen Sieg in der Mitte der Neunzigerjahre nicht als solchen, für mich gab es keine Auseinandersetzung der Systeme – nur die Kultur und den Wunsch, diese zu mir nach Hause zu bringen. Zurück zu uns an das Dnepr-Ufer, an dem bald meine geisteswissenschaftliche Universität entstehen würde ...

Anders als die Reichmanns, die nicht nach Moskau wollten und durften (sie sind noch vor dem Beginn des Programms für Kontingentflüchtlinge gegangen und hatten nun keine passenden Dokumente), verspürte ich jedoch auch immer wieder den Wunsch, nach Hause zu fahren – nach Dnepropetrowsk, wo meine Eltern und meine Tante nach wie vor lebten und wo auch ich meine Zukunft sah. So befanden Ljuda und ich uns in einem Sommer Mitte der Neunzigerjahre mal wieder in einem Linienbus von Stuttgart nach Kiew. Sobald wir am schmutzigen Stuttgarter Busbahnhof eingestiegen waren, fühlte ich mich wohler und freute mich auf Dnepropetrowsk. Eigentlich auch auf die Sowjetunion der Perestrojka-Zeit, doch die gab es nicht mehr. Mein Land hieß jetzt Ukraine und hatte mir inzwischen sogar einen ukrainischen Personalausweis mit dem erzwungenermaßen ukrainisierten Vornamen »Dmytro« ausgestellt.

Ich war jedes Mal glücklich, zu Hause zu sein und dort auch meine ukrainischen Freunde zu treffen. Ihr Leben – das postsowjetische Leben, vor dem ja auch ich geflohen war, wurde immer schwieriger: brutal, gnadenlos, unehrlich und unsolidarisch. In gewisser Hinsicht war ich blind, sah die Ruinen dieses Lebens nicht, wollte das Gift, das in diesen Ruinen lagerte, nicht sehen. Und sie hassten dieses Gift, denn sie atmeten es jeden Tag. Ich war immer nur drei Wochen hier, während sie die Verhältnisse 365 Tage im Jahr erlebten.

Ljuda und ich besuchten auch ihre Verwandten auf dem Land in der Nähe von Kursk, ein Gebiet im Südwesten Russlands, nahe der ukrainischen Grenze. Noch konnte man zwischen Russland und der Ukraine problemlos reisen, noch gab es in diesem Grenzgebiet keine verschärften Kontrollen, noch gab es keinen sinnlosen Krieg. Doch man konnte dieser russischen Gegend buchstäblich beim Zerfallen zusehen, konnte der Verwesung des armen riesigen Landes quasi beiwohnen. Ein trauriger Prozess. Die Menschen in diesem Teil Russlands waren herzlich, alkoholkrank, gewaltbereit und unvorstellbar arm. Die älteren von ihnen hatten die letzten Deutschen (und Ungarn, denn in der Gegend standen auch die ungarischen Soldaten) während der Okkupation, die von 1941 bis 1943 andauerte, gesehen, doch nach dem Sieg durch die Rote Armee hatte ihr Land, die UdSSR, ihnen alles genommen, was noch übriggeblieben war. Und trotzdem waren sie nicht verbittert. Nur müde, sehr müde, und zunehmend fatalistisch. Das Verschwinden ihres eigenen Landes bemerkten sie kaum – zu hart waren die Alltagssorgen.

Heute weiß ich, warum ich damals nicht wahrhaben wollte, wie furchtbar dieses Leben wirklich war. Ich hatte mich in Deutschland denkbar unwohl gefühlt und verkraftete den Übergang von der Euphorie und Lebendigkeit der Perestrojka in die Stille der schwäbischen Provinz nicht. Deutschland im Allgemeinen und die schwäbische Provinz im Besonderen wurde für mich zum dankbaren Sündenbock für alles – meine Sorgen, die meiner Frau und meiner Familie, unsere ungewisse Zukunft, aber auch für den Zusammenbruch der Hoffnungen, die wir in die Perestrojka gesetzt hatten. Was für ein Narr war ich, denke ich heute! Und gleichzeitig vermisse ich die starke Intensität meiner damaligen Gefühle, nicht aber die Zeit – einen solchen Wirrwarr kann man vielleicht mit Anfang Zwanzig aushalten, aber nicht mehr mit über Vierzig.

Hier im Dorf, bei Ljudas Tante Lida, suchte ich einen orthodoxen

Priester auf. Die orthodoxe Kirche war vor vier oder fünf Jahren aus dem sowjetischen Nichts zurückgekehrt. Sie war, besonders in dieser gottvergessenen russischen Provinz, immer noch keine mächtige staatliche Institution, sondern stand eher für ein Anknüpfen an die Zeit vor 1917 und für den unglaublichen Bruch danach.

Vor der Dorfkirche saßen ein paar ältere Frauen mit Kopftüchern. Das Gebäude selbst war frisch gestrichen und wirkte wie ein verlassener Kulturpalast in der Provinz – als was sie de facto auch jahrzehntelang gedient hatte. Innen war sie leer. Die neu gemalten Ikonen waren armselig und wirkten wie ungelenke Fremdkörper. Die alten, erfuhr ich, wurden während und nach der Perestrojka allesamt gestohlen.

Mein Wunsch war es, das Zerschlagene irgendwie wieder zusammenzufügen. Ich hatte schon vorher zahlreiche Bücher vieler christlicher Autoren gelesen und beschlossen, mich taufen zu lassen. Zum einen, weil ich den Universalismus des Christentums teilen wollte, zum anderen, weil ich mich als religiös betrachtete und einen religiösen Internationalismus erfahren wollte. Da ich mich der russischen Kultur verbunden fühlte (was übrigens bis heute der Fall ist), dachte ich, meine Religion müsse das russische Christentum sein.

Der Priester machte einen freundlichen Witz über meine jüdische Herkunft und ergänzte: »Jetzt, Dima, darfst du auch keine Schimpfwörter mehr benutzen, denn das ist eine Sünde.« Lächelnd versprach ich es ihm, obgleich ich wusste, dass ich dieses Versprechen nicht halten würde. Dann taufte er mich.

Tante Lida schenkte mir ein kleines metallisches Kreuz, das ich nie getragen habe. So wie ich später auch keine jüdischen Symbole tragen würde. Wir aßen und tranken etwas zusammen. Von meiner Taufe gibt es keine Fotos, Urkunden oder Ähnliches mehr, nur meine Erinnerung. Fest steht jedoch: Christ geworden zu sein, machte das Einleben in Deutschland auch nicht leichter. Jüdischer Kontingentflüchtling, Schabbat, Reichmanns – mein Leben wurde immer komplizierter statt einfacher und mäanderte immer stärker zwischen Russland respektive der Ukraine und Deutschland, zwischen Christentum und Judentum. Wie würde es wohl weitergehen?

Warum man als Russe in Deutschland das eigene Land nicht studieren sollte

Aus Dnepropetrowsk und Kursk brachte ich eine Million neuer Witze mit zurück nach Deutschland, dutzende Bücher und jede Menge Wärme. Die Wärme der Freunde, die es verdammt schwer hatten, vor allem materiell, und die mit leichter Verwunderung mit ansehen mussten, wie ungern ich zurück nach Deutschland zurück wollte, wo mir Leben, Vitalität und Tempo fehlten.

Ein Freund empfahl mir, mich doch »ins Deutsche« einzuleben. Ich nahm ihn nicht ernst, denn ich wollte mich nicht einleben, sondern mich europäisch weiterbilden und bald zurückkehren nach Dnepropetrowsk. Nur dort, so fand ich, ging es mir gut, während es mir hier, in Germanija, schlecht ging. Vor allem emotional schlecht. Die Entfremdung und Einsamkeit, die ich hier empfand, wurden immer schlimmer. Es gelang mir nicht, meinen deutschen Freunden meine Sorgen um die Situation in Russland und der Ukraine zu vermitteln. Russische Probleme interessierten die Deutschen in der schwäbischen Provinz überhaupt nicht, warum sollten sie auch? Viele Menschen in Germanija, die in der bundesrepublikanischen Zeit sozialisiert wurden, repräsentierten noch immer diesen sehr Kalten Krieg, den Diskurs über das »Reich des Bösen«, welches soeben untergegangen war. Das kollidierte mit meinen Gefühlen, die ich – was es noch schlimmer machte – auf Deutsch noch immer kaum artikulieren konnte.

Das Reich des Bösen? Ich habe in der Sowjetunion Menschen getroffen, gleich welcher Herkunft, jüdisch oder nichtjüdisch, wie ich sie in meinem neuen deutschen »Reich des Guten« kaum fand. Offen, intelligent, warmherzig, sich den Herausforderungen diverser Veränderungen stellend. Arm, aber extrem sexy, denn schnelle Intelligenz und Warmherzigkeit sind eine sehr attraktive Mischung. So dachte ich damals. Und die aus dem Reich des Guten, oft vorsichtige und reservierte Menschen mit unglücklichen Gesichtern, ignorierten mich schlicht und schauten mich aus ihren Reihenhäusern an wie ein Ufo, das von einem fernen Planeten gelandet war. »Ein sympathischer, träumender, leicht verrückter Russe«, das ist es wahrscheinlich, was sie über mich dachten. Deutschland war das Land meines Studiums, der Erweiterung meiner Lebensperspektive, das Land der seltenen russischen Bücher, der niedlichen Berge und des fehlenden Winters. Aber nicht das Land meiner Seele.

Nachdem ich nach den Ferien ins mir immer noch fremde, beschauliche Tübingen und ins Institut für Osteuropäische Geschichte zurückgekehrt war, ging mein Alltag wieder los. Im Institut fand ich einfach alles über mein Land aus dem 17. und 18. Jahrhundert, was ich mir nur vorstellen konnte – Bücher, Bilder, sogar eine originale Urkunde aus der Zeit von Peter dem Großen –, und hatte trotzdem immer mehr das Gefühl, dass für dieses Institut vor allem ein anderes Russland existierte: das Russland Stalins, das Russland der nationalen Bewegungen und Nationalismen, ein Russland der Dissidenten und Großindustrieprojekte, das Russland des Antisemitismus. Nicht jedoch das Russland der Kultur, der Philosophie, der Kirche oder der Synagoge. Der Grund hierfür: Seit 1968 waren die Feindbilder in der Osteuropaforschung klar verteilt und hatten dabei, ob sie es wollten oder nicht, gewisse Muster aus dem Nationalsozialismus übernommen. Die Rolle des Feindes hatten in den Augen der Nazis »der Jude« und »der Bolschewik« eingenommen. »Der Jude« konnte nach dem Holocaust unmöglich weiter als Feind herhalten, also blieb »der Bolschewik« und wandelte sich in der Wahrnehmung langsam zum »Russen«. Ja, man studierte an den Instituten für Osteuropäische Geschichte den Gegner, »den Russen«. Man erhob sich dabei über ihn, das empfand ich bald so. »Der Jude« in mir schlief noch (oder war nur ganz selten wach), aber »der Russe« in mir litt.

So eingestimmt, landete ich am Lehrstuhl von Dietrich Beyrau, der zuvor in Frankfurt gearbeitet hatte und wie ich 1994 nach Tübingen gekommen war – allerdings nicht als orientierungsloser Kontingentflüchtling, sondern als Direktor des Instituts für Osteuropäische Geschichte. Beyrau rauchte Kette, arbeitete viel, wirkte asketisch, trug einfache, überhaupt nicht professorale Klamotten und gab sich zynisch. Über seinem Schreibtisch hing ein Bild des lachenden Stalin, und wenn man Beyraus Büro betrat, dann blickte man als Erstes dem lachenden Diktator ins Angesicht. Stalin zeigte der Welt eine lange Nase. Beyraus Assistenten waren die perfekten Angestellten: Was der Chef anfing oder andeutete, erledigten sie, weil sie sofort errieten, was er wünschte. Diese akademischen Hierarchien waren mir, dem institutionell gänzlich unerfahrenen Beobachter, zuwider: Beyrau forschte kritisch über den russischen Autoritarismus, doch sein eigenes Büro war, wie ich damals fand, streng autoritär organisiert.

Neben mir gab es zahlreiche russische, ukrainische und weißrussische Wissenschaftler, die jedoch nur vorübergehend da waren: Sie kamen für drei Wochen oder für zwei Monate und kehrten danach zurück an ihre Arbeitsstellen in Kiew, Rostov, Moskau, Minsk oder Tscheljabinsk. Ihnen kam, wie ich mehrmals hörte, Tübingen wie ein nettes Urlaubsörtchen vor, an dem sie das Tempo rausnehmen, sich vom Stress ihrer chaotischen Großstädte entspannen, die Bibliothek nutzen und Konferenzen besuchen konnten. Äußerlich wirkte ich in meinen türkisch-ukrainischen Jeans vermutlich ähnlich, und mit meiner idealistischen Rückkehrrhetorik der ersten Jahre hielt Beyrau auch mich einfach nur für eine verrückte postsowjetische Erscheinung, womit er sicherlich nicht ganz unrecht hatte. Doch ich war hier und blieb hier (auch wenn ich dauernd von meiner baldigen Rückkehr sprach).

Dietrich Beyrau, so denke ich, mochte mich, und das hatte sicherlich auch damit zu tun, dass sein Spezialgebiet die Geschichte der Juden in Russland und der UdSSR war. Beyraus Aussagen über das Judentum waren hart und kollidierten massiv mit dem, was ich später als Mainstream-Diskurs über die Juden in diesem Land kennenlernen würde. Beyrau kannte sich bestens aus, doch er kannte nicht »das Judentum«, die Kultur oder Religion, er kannte vor allem die politische Geschichte der sowjetisch-jüdischen Akteure. Über meine Interessen – Religion, Geistesgeschichte und »diese russische Dostojewski-Welt« – lachte er und fand meine nostalgischen Ausflüge seltsam. Doch in einer seiner Sprechstunden erzählte er mir von einem neuen geplanten Sonderforschungsbereich über Kriegserfahrungen im 20. Jahrhundert: »Da wird auch Russland ein Thema sein. Und für ein solches Projekt, wie für jedes andere auch, braucht man heute eine gewisse Anzahl von Frauen, Ausländern und Minderheitenvertreter. Wollen Sie da mitmachen?« Zu begreifen, dass dies eine Einladung meines Institutsdirektors zu einer langjährigen Zusammenarbeit war, fehlte mir jegliche Fantasie. Ein interkulturelles Missverständnis, würde man das wohl heute nennen. Ich lehnte ab, und mein Weg als Osteuropahistoriker war damit eigentlich zu Ende.

Schabbat, Ikonen & Co.

Trotzdem hatte ich viel zu tun in Tübingen, auch ohne Beyrau, sein Institut und seine totalitären Monster des 20. Jahrhunderts, die im Kolloquium heraufbeschworen wurden. Ich musste ja die Rettung meines Landes vorbereiten und seine Kultur weiterentwickeln – meine Mission war nach wie vor klar und durchdacht. Und, nicht zu vergessen: Ich war ein Neuchrist.

Ähnlich wie die jüdischen Gemeinden, die in den Neunzigerjahren Räume vermieteten, in denen die russischen Juden sich treffen konnten, gab es auch in Tübingen einen solchen Ort für die russisch-orthodoxen Christen: das Schlatter-Haus. Auf einem Berg stehend, in direkter Nachbarschaft zum Knast, aus dem man übrigens zunehmend russische Schimpfwörter hörte, betrieb die württembergische evangelische Landeskirche ein offenes Haus, das Platz bot für Studentenunterkünfte, aber auch Arbeitskreise, Chöre und Gastgruppen, darunter wir: die Gemeinde der Hl. Maria von Ägypten. Unter der Leitung eines deutschen Priesters wurden dort, im Schlatterhaus, Gottesdienste und Gemeindearbeit angeboten. Der Leiter war ein evangelischer Theologe aus dem Schwarzwald, der zwar kein Russisch sprach, dafür aber den komplizierten Gottesdienst auf Altkirchenslawisch auswendig lernte. Vater Mitrophan, wie er sich nannte, war sehr tolerant und einfühlsam, vermutlich weil auch er in gewisser Hinsicht ein Migrant war: Er hatte seine Schwarzwälder Welt verlassen und war in diesem kleinen Tübinger Russland gelandet. In der Gemeinde war ich nur einer unter mehreren anderen mit jüdischen Wurzeln, und ich kann mir vorstellen, dass die Kirche und ihre russischen Mitglieder anfangs auf ihn mindestens genauso exotisch gewirkt haben müssen wie das Reutlinger Wohnheim auf mich.

In gewisser Hinsicht führte ich ein Doppelleben: Fast jeden Freitag-abend zelebrierte ich mit den Reichmanns den Kabbalat Schabbat. An diesen Abenden fühlte ich mich dem Jüdischen in mir zugehö-rig. Wir aßen wunderbare hausgemachte Challot, Schabbat-Brote, gingen am Samstag häufig auch gemeinsam spazieren und unter-hielten uns inmitten der schwäbischen Wälder über unsere sowje-tisch-jüdischen Themen. Sonntags hingegen gingen wir, Ljuda und ich, in die Kirche und atmeten den unverwechselbaren Geruch von Weihrauch ein, der das protestantisch-grüne Schlatterhaus erfüllte. Challot und Weihrauch boten mir in dieser Zeit, den späten Neun-zigern, auch einen Rückzugsraum, in dem Germanija außen vor blieb. Die Doppelung der beiden Religionen empfand ich nie als ein großes Problem oder gar als einen stilistischen Bruch.

In einem kleinen jüdischen Kreis trugen wir einander zu jü-dischen Themen vor: Thora, Talmud, Geschichte des Judentums, einzelne jüdische Persönlichkeiten. Mit Mitgliedern der russisch-orthodoxen Gemeinde trafen wir uns und referierten über russi-sche, christliche sowie naturwissenschaftliche Fragen, auch über einzelne christliche Persönlichkeiten. Ein atheistischer Physiker aus Moskau, der seine naturwissenschaftlich geniale und tiefgläubi-ge Frau nach Tübingen begleitet hatte, sprach über die Entstehung der Welt – aus seiner atheistischen Position. Dieses religiös-intel-lektuelle Leben war mir sehr wichtig – es bildete einen wertvollen Gegenpol zu dem pragmatischen und überhaupt nicht religiösen Leben da draußen.

Das Leben da draußen bestand für mich nach wie vor hauptsäch-lich aus der Universität, denn ich musste meine Dissertation ab-schließen. Tag für Tag saß ich in der Universitätsbibliothek, manch-mal auch in der Privatbibliothek Ludolf Müllers, und schrieb über die deutschen und russischen Mystiker und Religionsdenker des

20. Jahrhunderts. Im Mai 2000 fand schließlich die Verteidigung statt, und der Fakultätsassistent scherzte: »Sie haben einen Doktorvater, aber Sie selbst sind jetzt mehr: Doktor und Vater.« Denn einige Tage später würde ein kleiner Mann namens Mark Belkin zur Welt kommen.

Eine neue Zeitrechnung begann. Für Ljuda und mich. Für meine Eltern und meine Tante, die seit drei Jahren in Deutschland lebten. Für meine kleine Familie, die nun die deutsche Bühne betrat – mit einem winzigen, süßen Kerl. Wenn ich es bis dahin noch nicht war, dann wurde ich es spätestens jetzt: erwachsen.

III.
DEUTSCHER STAATSBÜRGER –
WAS NUN?

Tübingen – Moskau – Dnepropetrowsk – Israel –
USA – Stuttgart – Leipzig – Frankfurt

Eine Frage der Religion

Nach meiner Promotion erhielt ich in Tübingen eine Post-doc-Stelle – ein großes Glück, musste ich doch nun eine kleine Familie ernähren –, doch irgendwie fühlte ich mich zunehmend unwohl angesichts der, wie ich es empfand, antirussischen Stimmung am Tübinger Institut für Osteuropäische Geschichte. Etwas wollte ich dem entgegensetzen und wurde in dieser Haltung von einem neuen Freund bestätigt. Ein Kollege, Jan Plamper, der erst kürzlich als Assistent ans Institut gekommen war, brachte in meinen Augen frischen Wind mit und legte vor allem nicht diese unerträgliche Arroganz gegenüber seinem Forschungsgegenstand an den Tag.

»Ratatatatatata« – so stellte Jan die Deutschen dar und formte dabei die Hände zu einer Waffe. Was er damit sagen wollte, war, dass die Deutschen ständig mit einem unsichtbaren Maschinengewehr unterwegs seien und – »Ratatatatatata« – um sich schossen. Sprich: Irgendwie seien sie immer noch ein bisschen Nazis. Dietrich Beyrau hielt die These für abwegig und machte sich darüber lustig. Ich hingegen war erleichtert darüber, festzustellen, dass nicht nur ich diesen Verdacht hegte, sondern dass es auch andere Leute gab, die so dachten – und im Falle von Jan dies auch laut äußerten.

Jan war ein sehr deutscher Deutscher, ein Revolutionär aus einem schwäbischen humanistischen Gymnasium, der mehrere Jahre in den Vereinigten Staaten verbracht hatte. Zu seinem Umfeld in Boston, New York und Berkeley zählen bis heute linke beziehungsweise linksliberale jüdische Intellektuelle. Gerade weil er wegen seiner akademisch bedingten Umsiedlungen immer wieder weit entfernt von Deutschland lebte, war sein Blick auf dieses Land vermutlich sehr viel schärfer, als wenn er näher dran gewesen wäre. Versteckt unter einer vermeintlich neutralen Integrationsdebatte sah er blühenden Rassismus, der eben, anders als viele seiner akademischen Kollegen fanden, auch mit Deutschlands Vergangenheit zusammenhängt.

Uns verband überdies sein Interesse fürs Judentum sowie die Erfahrung, das eigene Herkunftsland für eine Weile verlassen zu haben. Ich stellte inzwischen doch fest, dass es mir langfristig unmöglich sein würde, in die für immer untergegangene Sowjetunion zurückzukehren, und auch Jan merkte bald, wie schwierig es war, wieder im deutschen akademischen Leben Fuß zu fassen, wenn man erst mal länger weg gewesen war. Doch sein Land existierte zumindest weiter, während meines für immer weg war.

Jans großes Talent (neben vielen anderen) bestand darin, mit meinen gemischten Gefühlen gegenüber Deutschland zu spielen. Liebevoll und ironisch half er mir, der ich noch kein Wort Englisch sprach, im Jahr 2002 einen Vortrag für eine amerikanisch-jüdische Konferenz vorzubereiten. Ich quälte mich beim Vorlesen des Textes, doch Jan lachte nur und bat mich, mir vorzustellen, ich sei in Los Angeles, und er, Rabbi Plamperovich (amerikanisch-jüdisch für Plamper), höre mir zu und diskutiere mit ihm. Und siehe da: nach dieser Übung fiel es mir tatsächlich viel leichter, auf der echten Konferenz vor richtigem Publikum zu sprechen.

Ich merkte zusehends, dass ich aus der Tübinger Welt ausbrechen wollte, genauso wie mir klar wurde, dass ich mich auf Dauer nicht mit zwei Religionen identifizieren konnte. Dazu mag beigetragen haben, dass Ljuda und ich immer wieder darüber sprachen, was eigentlich mit unserem Sohn passieren sollte. In welchem Land sollte er zu Hause sein, und in welcher Religion wollten wir ihn erziehen? Noch in diesem unentschiedenen Tübinger Warteraum fing ich an, die Schabbat-Kerzen anzuzünden. Entsprechende Gebete für den Schabbat-Abend hatte ich mit unseren Tübinger Freunden jahrelang geübt und kannte sie inzwischen. Ljuda hatte nichts dagegen, genauso wenig wie gegen meine sonntäglichen Ausflüge in die Kirche. Sie lächelte nur, denn sie wusste, dass wir irgendwann eine Antwort auf unsere Frage finden würden.

Zu dieser Zeit – Ende der Neunzigerjahre – war mein Traum, nach Dnepropetrowsk zurückzukehren und die Ukraine geistig zu revolutionieren, ausgeträumt. Natürlich muss ich heute noch manchmal über dieses Vorhaben lächeln, eine Universität an den Ufern des Dnepr zu gründen, das aus jetziger Sicht furchtbar naiv klingt, dennoch war es mir bis zur Geburt meines Sohnes sehr ernst damit. Mark war da, und meine Gedanken konnten nicht dauernd in die verlassene Ferne schweifen. Anlass – nicht Grund – für mein Umdenken war vor allem die mangelnde Berufsperspektive in der Ukraine. »Wovon sollen wir leben?«, fragte nicht nur Ljuda, sondern auch meine Freunde und meine Eltern. Die völlige Unklarheit, was die Berufsperspektive betraf, fing an, mich zu beschäftigen und zum Handeln zu zwingen.

Die zweite, vermutlich noch wichtigere Frage war die der Religion. Ich war nicht mehr bereit, weiterhin die Welt aufzuteilen – hier das Christliche, dort das Jüdische. Ich wollte nicht mehr Schabbat am Samstag und Kirche am Sonntag. Ich wollte Klarheit – entweder Schabbat oder die Kirche.

Ein erster Schritt in diese Richtung war das Institutum Judaicum in Tübingen, wo ich nach einem erfolgreichen Antrag einen Projektarbeitsplatz bekam. Das Institut ist eine christliche Institution mit jüdischen Interessen. Erst später wurde mir klar, dass es sich um eine christliche Institution der Evangelisch-Theologischen Fakultät handelt, die sich mit dem Judentum hauptsächlich vor dem Hintergrund der christlichen Kirche beschäftigte – Missionierung nicht ausgeschlossen. Das war zwar kein günstiger Ausgangspunkt, doch irgendwie war mir eine Religion, die um etwas kämpfen und sich durchsetzen wollte, näher als eine, die kaum ein Lebenszeichen von sich gab.

Ebenfalls eine merkwürdige Melange aus zwei Religionen fand ich in der Dietrich-Bonhoeffer-Gemeinde in Tübingen, die gefühlt deutlich weniger vom Christentum als von einem auf eine seltsame Weise stilisierten Judentum hatte. Warum, fragte ich mich, feiern sie Schabbat? Warum veranstalten sie ständig irgendwelche Gesprächsrunden über das Judentum? Haben sie denn gar keine eigene Religion? Sollten sie dann nicht lieber gleich jüdisch werden? Vielleicht wäre es passender, wenn sie sich dann nicht mehr Kirche, sondern gleich liberale Synagoge nennen?

Das Judentum ist ein Phantom, ein für die deutsche Gesellschaft nach dem Holocaust ungemein wichtiges Gespenst. Allerdings brauchte ich eine Weile, um das zu verstehen. Aber allmählich wurde mir klar, dass ich zwar noch nicht so recht heimisch geworden war in Germanija, dass ich mich aber, sobald der »Jude« in mir geweckt war, in Deutschland geschützt fühlte. Zumindest geschützter.

Gleichzeitig wunderte ich mich über das, was ich um mich herum hörte, nämlich Beschimpfungen des eigenen Landes und der eigenen Religion. Angesichts der Geschichte fand ich diesen deutsch-christlichen Selbsthass nachvollziehbar, und vielleicht ist das der Preis, den man für eine fast obsessive, aber extrem wichtige Auseinandersetzung mit der eigenen Vergangenheit bezahlen muss. Aber wenn man alles hasst, was mit einem selbst zu tun hat – was bleibt dann? Was war Deutschlands religiöse Identität, und welches war meine religiöse Identität? Brauchte ich überhaupt eine?

Ich sah meinen Freund Jan und seine Familie, die ohne Religion lebten und heimatlos waren, ich sah meine Freunde Petja und Sascha, die sich mit riesigen Schritten dem religiösen Judentum näherten. Ich sah den Slawisten Ludolf Müller, der in der fünften oder sechsten Generation religiös war und vollkommen zufrieden damit zu sein schien. Die meisten anderen Deutschen, mit denen ich in Tübingen an der Universität sprach, lehnten Religion ab, denn in ihrer Auffassung gehörte dies der Vergangenheit an. Diese antireligiöse Leere konnte ich nie nachvollziehen.

Fest stand für mich also, dass ich auch in Zukunft religiös leben wollte, aber eben nur noch einer Religion zugehörig, das heißt, auf diverse religiöse und kulturelle Mischformen – alle Feste aller Religionen zu feiern – wollte ich ab jetzt verzichten. Sie schienen mir nicht mehr wunderbar plural, verbindend. Vielmehr kam es mir geschmacklos vor, mal hier und mal dort zu naschen.

Aber nun musste ich noch herausfinden, welche Religion für mich – und für meinen Sohn – die richtige war. Denn so viel war klar: Es ging bei all diesen Überlegungen und Wirren immer weniger um mich und immer mehr um ihn: Der winzige Herr, den ich in einem Bauchsack vor mir trug, während er schlief, bestimmte ab jetzt das Spiel.

»Wie heißt euer Sohn?«

»Mark mit K.«

Trotzdem bekamen wir Postkarten und E-Mails, adressiert auch an Marc mit C. Doch unser Mark heißt Mark mit K, denn so hieß auch sein Urgroßvater, der 1969 verstorbene Ehemann meiner Großmutter, ein jüdischer Mann, russischer Offizier und sowjetischer Anwalt. Genannt hat man ihn »Monja«, auf eine nette jüdische Art, und so nannten wir auch Mark während seiner ersten Lebensjahre.

»Ach kommt«, sagten viele Freunde, »euer Sohn braucht keine konkrete, konfessionelle Religion! Wenn er achtzehn wird oder einfach erwachsen, entscheidet er sich für eine Religion. Oder er entscheidet sich für keine – vielleicht wird er ein kluger Mensch und begreift selber: Wer braucht heute überhaupt diese Religion? Alles bärtige Überbleibsel aus dem letzten Jahrhundert, einfach nur Rudimente einer totalitären Vergangenheit.«

Ich sah das anders, denn mir wäre unsere ach so aufgeklärte Gegenwart ohne jede Religion furchtbar leer vorgekommen. Weder der Aufklärung war es gelungen, diese Leere zu füllen, noch Yoga, fünf Urlaubsreisen im Jahr oder allen Reichtümern dieser Welt. Doch mit dieser Sichtweise standen Ljuda und ich in unserer unmittelbaren Umgebung – außerhalb der Gemeinde der Hl. Maria und unserem Kreis am Schabbat – ziemlich alleine da.

Wir beschlossen, uns nicht beirren zu lassen und die Entscheidung erst mal zu vertagen. Doch als wir im Herbst 2000 zum ersten Mal mit unserem wenige Monate alten Sohn nach Moskau fuhren, lieferte uns ein Erlebnis den endgültigen Anstoß: Im Bus wurden wir von einem feinen, aber schon leicht betrunkenen Mann (typische Moskauer Mischung) angesprochen, der sich für Mark interessierte: »Na, wie wird es dir wohl ergehen, kleiner Mann?«, wandte er sich an Mark, der ihm noch nicht antworten konnte. »Was wird denn aus dir? Welche Augen wirst du haben – die jüdischen vom Papa oder die klaren, russischen deiner Mama?« Früher hätte ich dies als Beleidigung wahrgenommen, doch vielleicht hat mich mein Sohn großzügiger werden lassen. Jedenfalls verstanden Ljuda und ich die Frage eher als Feststellung, denn die Antwort war ganz klar: Mark hatte Ljudas traumhaft schöne Augen, gepaart mit meinen

Belkin'schen rundlichen Gesichtszügen – eigentlich war das ein Kompliment. Doch es machte uns auch klar, dass das Jüdische immer ein Teil von Mark sein würde. Also beschloss ich, dass wir jüdisch leben würden und Mark jüdisch erzogen werden sollte – und zwar unabhängig davon, ob er nun jüdische Augen hatte oder nicht!

Doch wie sollte das gehen? Ljuda war keine Jüdin, und zunächst einmal musste ich die Frage mit ihr klären: »Warum wirst du keine jüdische Frau?« Panzerkreuzer Belkin bewegte sich auf vermintem Gelände, denn schon seit unserer Freundschaft mit den Reichmanns war das Thema heikel zwischen uns. Die beiden Kinder der Reichmanns hatten Ljuda immer wieder spüren lassen, dass sie keine Jüdin war, und ihr das Gefühl gegeben, nicht dazuzugehören. Sie hätten es nie direkt artikuliert, doch zwischen den Zeilen war es für uns beide wahrnehmbar.

Der Klub, zu dem ich gehören, den ich aber auch immer wieder verlassen wollte, besaß tausend Regeln, die man kennen und befolgen musste, bevor man eine der unsichtbaren Eintrittskarten erhielt. Ljuda bekam kein Ticket und wollte auch gar keines haben. Denn sie ist stolz und sehr sensibel, und bald begann sie, diese »Eintrittskarten« zu hassen. Nein, sie wollte keine »jüdische Frau« werden, nicht auf diese Weise. Warum überhaupt sollte sie mir schon wieder folgen? Erst aus der Ukraine nach Tübingen, und dann auch noch in eine Religion, die nicht ihre war? Und was würde sein, wenn ich morgen schon wieder meine Meinung änderte und stattdessen doch in die Kirche gehen wollte?

Unsere Diskussionen gingen weiter, aber ich hatte ab jetzt (nun, da ich keine Universität mehr gründen musste) eine neue Mission: das Judentum. Und obwohl ich andere Leute, insbesondere die Reichmanns, immer für ihren Gründungsmythos kritisiert hatte – »es war schon immer so, ich war schon immer jüdisch«, – wendete ich nun genau die gleichen Worte auch auf mich und mein Leben an. Und stellte fest, dass das Leben, das man bisher gelebt hat, eben doch eine Menge zu tun hat mit dem Leben, das noch auf einen zukommt.

Als ein befreundeter Tübinger Professor für jüdisches Recht starb, erbte ich nicht nur sein wunderbares englisches Sakko, dessen goldene Knöpfe ich bis heute mit großem Stolz trage, sondern auch zahlreiche Bücher, darunter die englische Ausgabe der Thora mit den klassischen Kommentaren von Raschi, einem der bedeutendsten jüdischen Gelehrten des Mittelalters. Bis heute gilt sein Kommentar des Talmud als einer der wichtigsten überhaupt, überdies ist er vermutlich der wichtigste Bibelexeget, der auch die christliche Lehrmeinung beeinflusst hat – in dieser Doppelfunktion passte er also perfekt zu meiner Situation. In dieser Thora fing ich an, die Wochenabschnitte zu lesen und mich in diese Denkweise einzufinden.

»Willkommen im Zoo!« – Neue Heimat

Parallel dazu kam Deutschland in unser Leben, und zwar buchstäblich: Wir wurden nämlich Deutsche. Ohne Prüfung, zum Glück auch ohne auf dem Amt gestellte Fragen nach den Funktionen des Bundestages und Bundesrats. Wir mussten einfach nur einen Antrag stellen und erhielten nach kurzer Wartezeit jeder einen Personalausweis und einen Reisepass mit europäischen Sternchen.

Als ich im Institut von unseren neuen Pässen erzählte, stieß ich auf eine befremdliche und befremdete Reaktion. »Sehr schön, gratuliere: Willkommen im Zoo!«, sagte Dietrich Beyrau dazu. Er meinte natürlich: Willkommen im Zoo Deutschland. Denn, so seine Haltung: Wen interessieren schon diese nationalistischen Spiele mit der Staatsbürgerschaft? Und außerdem: »deutsch?!« Wie soll man nach dieser Geschichte ausgerechnet auf diese Staatsangehörigkeit stolz sein? Nach den beiden Weltkriegen des 20. Jahrhunderts, die von Deutschland ausgingen, und nach dem Holocaust? Ihm fehlte jeglicher Patriotismus, was auf mich recht befremdlich wirkte. Deutschland war ein schwieriges Land, doch sicherlich kein »Zoo«! Warum diese Rhetorik, was haben die denn alle? Obwohl ich zu diesem Zeitpunkt schon zehn Jahre in Germanija lebte, verstand ich immer noch nicht, wie man dem eigenen Land so kritisch gegenüberstehen konnte. Heute, mit weiteren 15 Jahren Abstand ist mir einiges klarer, und ich beginne, dieses distanziert-kritische Verhältnis zum eigenen Land – das ja inzwischen auch *mein* Land geworden ist – zu mögen.

Beyrau dachte vermutlich keine Sekunde darüber nach, was es heißt, die ukrainischen Pässe in der ukrainischen Botschaft zu verlängern, geschweige denn, sie an den diversen Grenzen zeigen zu müssen, sprich: kaum eine Chance zu haben, mit ihnen nach Amerika zu reisen. Deutscher zu sein mochte belastend sein, lernte ich in der Theorie, aber es verlieh einem große Freiheiten – lernte ich in der Praxis.

Die moderateren Kollegen und Freunde begrüßten uns in Europa, nicht im anstrengenden Deutschland: »Du hast nicht (nur) deutsche, du hast vor allem die europäische Staatsbürgerschaft bekommen, sei froh!« Dieses Gefühl hatte ich damals nicht, auch wenn ich höflich nickte. Zwischen Deutschland als einem Zoo und Europa als einem Paradies sollte es noch eine Mitte geben, doch die haben wir bis heute nicht gefunden.

So oder so: Ein deutscher Pass war ein deutscher Pass. Schön, dass er auch die europäische und amerikanische Perspektive eröffnete und dass ich mit ihm ohne Visum bis zu drei Monaten in die

Ukraine fahren konnte, denn die Ukraine erlaubte den westlichen Gästen eine visafreie Einreise – im Gegensatz zu Europa, für das die Ukrainer bis heute ein Visum benötigen. Europa und Amerika sind eine Festung, dieses Gefühl hatten wir 2000 noch sehr stark. Aber wenn man schon in dieser Festung lebte, dann sollte man sich auch damit arrangieren, fand ich und begrub die letzten Reste meiner ohnehin nur noch schwach vorhandenen Rückkehrpläne. Die Busbeziehungsweise Flugzeugphase – einige Stunden und du bist zu Hause – ging somit zu Ende. Das ukrainische »Zuhause« blieb den neuen Deutschen offen, das russische »Zuhause« erforderte ab jetzt ein beantragtes Visum.

Manifest wurde unsere Entscheidung, endgültig in Deutschland zu bleiben, als Ljuda und ich unsere ukrainischen Pässe abgaben. Warum, fragten die Freunde, ist doch so schön, mehrere Staatsangehörigkeiten zu haben.

Ja, warum denn?

Dafür gab es mehrere Erklärungen: Zum einen wollte ich meine Unentschiedenheit bezüglich meiner Religionszugehörigkeit nicht auch noch auf meine Staatsangehörigkeit übertragen: Ein Pass reichte. Zum anderen lebten auch meine Eltern seit mehreren Jahren in Deutschland; wenn ich sie sehen wollte, musste ich nicht mehr nach Dnepropetrowsk fahren, sondern nach Esslingen am Neckar, um sie zu treffen. Und noch ein weiterer Grund: Jahrelang waren wir nach Bonn, Frankfurt und München gependelt, wo man zu einer extrem frühen Morgenstunde vor der ukrainischen Botschaft beziehungsweise vor dem Konsulat anstehen musste, um uns dann mit der russischen oder ukrainischen Bürokratie herumzustreiten, weil dann doch wieder dieses oder jenes Papier fehlte. Diese Kämpfe wollten wir nicht mehr kämpfen.

Auch gab ich den ukrainischen Pass auf, weil mir auf dem Tübinger Bürgeramt klar signalisiert wurde: »Behalten Sie den ukrainischen Pass, solange Sie wollen, doch gehen Sie bitte davon aus, dass wir Ihnen keinerlei juristische oder konsularische Unterstützung liefern, wenn Ihnen in der Ukraine etwas zustoßen sollte, denn Sie sind immer noch ukrainischer Staatsbürger.« Und die letzte Begründung: Schon vor einiger Zeit hatte ein riesiger LKW vor unserer Haustür in Tübingen geparkt und eine Unmenge russischer Bücher aus der Ukraine zu uns gebracht: meine Bücher, meine portative Heimat, meine ewige Staatsbürgerschaft, die nun in Deutschland angesiedelt war – die neue Heimat konnte beginnen.

Schon bei unserem nächsten Ukraine-Besuch zeigte sich die Wirkung. Der Tag in Kiew war hell, der Himmel klar und die südliche Sonne meiner Ex-Heimat stand im Zenit. Ich hatte ein rotes Hemd an und ging in die Stadt, telefonierte, schaute mich in der Menschenmenge um, als zwei Polizisten auf mich zukamen und mich – sehr selbstverständlich mit Du ansprechend – aufforderten: »Deine Dokumente! Komm mal mit.« Im Polizeiauto konnte ich beweisen, dass ich völlig legal in Kiew war. Mein knallrotes Hemd war mir zum Verhängnis geworden – die Jungs von der Miliz waren auf mich aufmerksam geworden und ließen mich gehen, als sie meinen deutschen Pass sahen. Doch das Gespräch mit ihnen hätte auch eine andere Entwicklung nehmen können.

Ljudas und meine Entscheidung für einen deutsch-europäischen Personalausweis und eine deutsche Staatsangehörigkeit war ein Novum in der jüdischen Geschichte der Bundesrepublik. Fast alle »alteingesessenen« Juden, die wir später kennenlernten, besitzen noch mindestens einen weiteren Pass. Entweder den alten aus ihrer ursprünglichen Heimat oder eine »Greencard« für Amerika, die zwar eine unbefristete Aufenthaltsgenehmigung dort erlaubt, jedoch systematisch verwaltet werden muss – die stolzen Greencard-Inhaber müssen sich regelmäßig in den USA blicken lassen, damit sie nicht verfällt. Wieder andere haben die israelische Staatsangehörigkeit, doch dann stellt sich die Frage des Militärdienstes für die Söhne und Töchter. Ich kenne Israel noch kaum, aber ich weiß um die vielen Kriege des Landes, die Schutzbunker und die Gefahr.

Unser damals zweijährige Sohn und das Militär? Im demilitarisierten Deutschland, das Anfang der Nullerjahre noch eine Bundeswehrpflicht hatte, mussten Juden aus religiösen und wohl auch aus historischen Gründen nicht dienen. Außerdem konnte man alternativ auch Zivildienst leisten. Doch mein Perestrojka-Bewusstsein erinnerte mich daran, wie glücklich wir, die achtzehnjährigen Studenten aus Dnepropetrowsk, waren, als 1988 plötzlich in einer Zeitung die Nachricht mit dem Titel stand: »Der Platz und die Kaserne können warten«; Gorbatschow befreite damals die Studenten von der Notwendigkeit, zwei Jahre zu dienen. Und zu diesem Zeitpunkt war die sowjetische Armee marode, korrupt und gefährlich und ihre Aufgaben – Tschernobyl, Afghanistan, kaukasische ethnische Konflikte – furchtbar. Später kam dann noch die ukrainische Armee auf uns zu, und zwar in Form von zwei dauerbetrunkenen Obersten im Ruhestand, beides Afghanistanveteranen, die uns Geisteswissenschaftler zu den Leutnants der noch ärmeren ukrainischen Armee ausbilden sollten. Wir mussten dafür nicht dauerhaft dienen, sondern lediglich einmal pro Woche, an einem Dienstag, zu diesem seltsamen Kurs erscheinen. Wir glaubten alle, dass es für immer vorbei war mit dem Krieg – doch wir sollten uns täuschen. Denn plötzlich mussten die alten sowjetischen Schützenpanzerwagen, die zu unserer Zeit ganz friedlich und ohne Benzin dastanden, wieder in Schuss gebracht werden und losfahren – 2014 rollten sie auf beiden Seiten des ukrainischen Bürgerkrieges. Ich, der Leutnant der ukrainischen Reserve, aus dem wohl nie ein Major wird, war ausgesprochen dankbar, nicht mit einem ukrainischen Personalausweis im sinnlosen Krieg kämpfen und an die baldige Einberufung meines Sohnes denken zu müssen. Die Alternativen zur alleinigen deutschen Staatsbürgerschaft sind also keine für uns.

Der deutsche Personalausweis markiert auch die für 300 Euro erkaufte Rückkehr meines Vornamens, diesmal mit lateinischen Buchstaben geschrieben. Die Ukraine meinte, mich »Dmytro« nennen zu müssen. Sie fragte nicht, ob ich es will. Ob ich es bin. Sie ukrainisierte meinen Vornamen »Dmitrij« ebenso über Nacht, wie sie als Land entstanden ist. Ich fügte mich – Widerstand war in solchen Fällen zwecklos. »Dina de malkhuta Dina«, das Gesetz des Königtums ist Gesetz, diese talmudische Maxime habe ich früh gelernt und gleich verinnerlicht. Da ich aber schlichtweg kein Dmytro bin, wechselte ich das Königtum und bezahlte die deutsche Verwaltung dafür, dass sie meinen Namen wieder in meinen Geburtsnamen änderte, also für eine Rückkehr zu meiner Identität – oder zur Entscheidung meiner Eltern, mich so zu nennen, wie ich heiße (meine Großmutter wollte, dass ich wie ihr Vater Leo heiße, Lew, was auf Hebräisch »Herz« bedeutet, doch sie konnte sich bei meiner Geburt nicht gegen meine Eltern durchsetzen).

Zehn Jahre nach dem Namenswechsel las ich Dieter Graumanns Bericht darüber, warum er plötzlich Dieter statt David hieß. Der ehemalige Präsident des Zentralrats der Juden in Deutschland war in Israel geboren und als kleiner Junge nach Deutschland gekommen. Beide seine Eltern sind Holocaustüberlebende und wollten ihn im Frankfurt der Fünfziger schützen, indem sie ihm einen deutschen Namen gaben. Dieter Graumann leidet: Er sei ein David, kein Dieter!

Wir leben heute in einer anderen Zeit, in einem Deutschland, in dem gefühlt jeder zweite Junge David heißt und jedes dritte Mädchen Sarah. Alle werden irgendwie zu Juden und sind dabei überhaupt nicht jüdisch. Ich halte das für eine unreflektierte Mode, bei der der Wunsch, den »nationalen deutschen Zoo« mit all diesen germanischen Namen zu verlassen, auf das ewig-deutsche Thema der deutschen Schuld den Juden gegenüber trifft. Gegen den totalen, allumfassenden deutschen Philosemitismus schützt man sich, denke ich, indem man bei sich bleibt. Bei seinen eigenen Vornamen. Ljudmila, Dmitrij. Bei dem Vornamen des Großvaters Mark, der Name, den unser Sohn trägt: Mark mit K. Der von uns ausgewählte Name »Mark«, der in der Sowjetunion als ein jüdischer Name galt und sonst international ist; sowie unsere zurückerkauften Namen in den neuen Personalausweisen unseres neuen Landes – alles eine teure, weil kostenpflichtige, Rückkehr zu uns selbst.

Als einen Zoo habe ich Deutschland auch damals nicht empfunden, eher als etwas, dem ich fremd war und das mir fremd war und das mich zunehmend zu interessieren begann; und auch ein wenig als ein strukturiertes Paradies, in dem Menschen nicht unbedingt glücklich werden – meine Mutter mit ihrer These über eine »Langeweile im Paradies« ließ grüßen und Stella aus Reutlingen auch: »Schauen Sie, kaum glückliche, gesunde Gesichter hier«. Doch »strange«, »unmöglich«, »typisch deutsch«, wie meine schon lange in Germanija lebenden jüdischen Freunde und die Alt-Achtundsechziger dieses Land sehen, empfinde ich es auch heute nicht. Solche Etiketten mochte ich nie, auch nicht zu der Zeit, als ich nur schnell wieder weg wollte, um den untergegangenen Dampfer namens UdSSR zu retten. Aus meinem distanzierten Respekt und einer doch großen anfänglichen Fremdheit entstand langsam so etwas wie Zuneigung, ein emotional etwas diffuses und zugleich konkretes und sachliches Heimatgefühl. Ein amtliches Heimatgefühl – falls es so etwas gibt, schließlich spielte der deutsche Pass in diesem Prozess eine durchaus wichtige Rolle. Es war sicher keine Liebe auf den ersten Blick, aber der lange Weg bis hierher hat sich gelohnt, denn nun kann eine tragfähige Verbindung daraus entstehen.

Verwirrter Neudeutscher entdeckt die Welt

Irgendwann in den dunklen, chaotischen und schönen frühen Neunzigerjahren, meine Oma Bella lebte noch, erreichte uns in Dnepropetrowsk ein Brief aus Israel. Der Text war in einem halbverständlichen und irgendwie netten Russisch verfasst. Von einer gewissen, uns bisher nicht bekannten Bonnie Belkin-Baram würden, so war zu lesen, Informationen über uns alle, die Belkin-Linie der Familie, gesucht und von einer mir genauso unbekannten russischsprachigen israelischen Belkin ins Einwanderer-Russisch übersetzt. Das alles waren für mich damals schlichtweg überflüssige bürgerliche Erscheinungen aus dem fernen und ebenso überflüssigen Ausland: Die ersten süßen, bunt eingepackten Snickers und Bountys zu verzehren, polnisch-türkische Klamotten zu tragen, bärtige Chassiden auf den Straßen von Dnepropetrowsk mit ihrer kaum genießbaren koscheren Wurst zu entdecken, die Suche nach den Vorfahren und weit entfernten Verwandten – das gehörte alles irgendwie zusammen. Sollten sie doch alle kommen, die smarten Westler, und ihre Wurzeln suchen; mein Leben und meine Interessen lagen anderswo: Philosophie, Geschichte, Politik, Kultur.

Oma, meine Tante Dina und mein Vater setzten sich zusammen und kramten ein paar Erinnerungen hervor. Diese Informationen schickten sie an die unbekannte Frau. In Israel sollte über die weißrussische Linie unserer Familie, der Familie Belkin, ein Buch entstehen. Ich hielt das, wie gesagt, für nichts anderes als eine Modeerscheinung, die im Westen, aber auch in Israel weit verbreitet zu sein schien: die eigenen Wurzeln in den gottvergessenen Gegenden Osteuropas zu entdecken. Vielleicht – o Schreck und wie mutig! – sogar dort noch für zwei Wochen auftauchen, in diesem romantischen Osten, der einem Bild von Chagall entsprungen zu sein scheint, wo alles erleuchtet ist und die Toiletten so schrecklich riechen!

Sollten sie doch machen, die Leute – offensichtlich ist ihnen langweilig geworden, und jetzt wollten sie ihren Horizont erweitern. Was für eine Selbststilisierung dieser satten, ja, dieser übersättigten Menschen. Das dachte ich damals, zu Beginn der Neunzigerjahre und freute mich dennoch, als ich das Buch mit unserer Familiengeschichte schließlich in Händen hielt. Der Kontakt blieb trotz meiner anfänglichen Skepsis bestehen, und als Mark im Jahr 2000 in Tübingen geboren wurde, informierten wir Bonnie, die das Familienarchiv weiterführte, über dieses neue Familienmitglied. Sie antwortete uns herzlich und offen.

Als ich im Jahr 2001, zwar noch ein Tübinger Akademiker, zu einem Forschungsaufenthalt nach Israel kam, verabredete ich mich mit Bonnie. Es war meine erste Israelreise, und sie stand unter keinem glücklichen Stern. Die zweite Intifada der Palästinenser war dabei, das Land zu zerreißen. Busse flogen in die Luft. Cafés wurden samt ihrer Besucher, deren Überreste nicht gefilmt werden durften, vernichtet – genauso wie es in meiner Heimat, der Ex-UdSSR, bei diversen Katastrophen der Neunzigerjahre der Fall war. Mit meinem Laptop-Köfferchen machte ich mich leicht verdächtig – was, wenn das Köfferchen gleich explodierte? Und die lustigen, etwas schlichten Freunde von Freunden, bei denen ich in Jerusalem übernachtete, machten Witze mit mir: »Schau mal, da rollt eine Cola-Dose, lass sie lieber weiterrollen, sonst kann sie wider Erwarten explodieren. Und dann haben wir alle ein großes Problem.« »Bumm, und wir sind alle tot!« – ergänzte die kleine Tochter meiner Gastgeberin. Dabei lächelten alle süffisant. Das ist der israelische Fatalismus, den ich auf dieser Reise entdeckte. Er ist ein Zeichen der eigenen Stärke wie auch der Schwäche und zugleich vermutlich die einzige Möglichkeit, mit der Bedrohung in dieser Region umzugehen.

Von vielen jüdischen Freunden und Verwandten, die nach Israel, insbesondere nach Tel Aviv emigriert sind, wusste ich, dass sie wieder nach Europa – in dieses »faschistische, antisemitische Gebilde« – zurückgekehrt sind, weil es ihnen schlichtweg zu heiß war und sie das Klima nicht vertrugen. Doch ich konnte gut damit leben: Obwohl es Sommer war, wehte in Jerusalem nachts ein kühler Wind, sodass ich einigermaßen gut schlafen konnte.

In der Wohnung meiner Gastgeberin lebte auch ihr Geliebter, der mich an James Bond erinnerte. Er gehörte zum Mossad und besaß drei Funktelefone, die ständig aufgeladen wurden. Irgendeines piepste immer, was mich beeindruckte, aber auch irgendwie nervös machte. Die beiden waren ein kurioses Paar – James Bond war etwa 20 Jahre jünger als meine Gastgeberin –, das sich nonstop stritt, auf Russisch anschrie, wieder versöhnte, lauten Sex miteinander hatte und dann wieder zu streiten begann. Irgendwann würden sie sich töten, gegenseitig oder selbst – dessen war ich mir sicher. Doch bis dahin wäre ich längst in mein bürgerliches Deutschland zurückgekehrt, in dem sich niemand ununterbrochen anschreit und sich auch keiner in die Luft jagt – so mein Eindruck damals, 2001. Heute, 2016, fragen wir uns allerdings auch: »Wann wird es denn bei uns passieren?«

Bonnie, meine Familiengeschichte schreibende Cousine, arbeitete tagsüber als Reiseführerin. In einer ihrer Pausen trafen wir uns in einem Hotel. Ich hatte Angst, weil dauernd, wirklich dauernd irgendetwas um uns herum explodierte – woher konnte ich wissen, dass die Terroristen nicht auch zufällig in diesem Hotel versteckt waren? Bonnie ist Zionistin und hatte das sonnige Kalifornien ganz bewusst in Richtung gefährlicher Cola-Dosen, Hummusstände und einer unklaren Zukunft verlassen. In Israel war sie nun mit einem starken, autoritären, orientalischen Mann verheiratet – glücklich verheiratet, so mein Eindruck. Der starke orientalische Mann war der führende israelische Experte für den Irak Saddam Husseins. Er fuhr regelmäßig nach Amerika, sein Name lautete Amatzia. »Wie heißt du denn?«, fragte mich Amatzia mit einem leichten Pathos. »Dimitrij – Demetrios? Kein guter jüdischer Name. Du müsstest David heißen oder so. Sonst bist du ein komischer Demetrios!« Überdies erklärte er mir die Nahostpolitik, in der er sich tatsächlich hervorragend auskannte und zu der er mir einige neue Aspekte aufzeigen konnte. Die Sprache der Stärke werde von allen Seiten verstanden, sagte Amatzia: »Wer Schwäche zeigt, hat auf der Stelle verloren.«

Wenig später traf ich beide – Bonnie und Amatzia – in Washington, D.C. wieder, wo ich auf einer Konferenz war, und auch dort drehte sich unser Gespräch recht bald wieder um Israel. »Ich bin ein Zionist, Demetrios!«, predigte Amatzia. »Deshalb bin ich der Meinung, dass ein Jude weder in Deutschland noch in Russland zu leben hat. Nur in Israel, sorry for that.« Ich war nicht sauer, sondern hörte einfach zu. Auch die sanfte, zum Mystizismus neigende Bonnie war dieser Meinung, allerdings auf ihre feine und stille Weise, und bemühte sich, mich zu überzeugen: »Komm doch nach Israel, wir brauchen dich dort!« Zum Abschied schenkte Bonnie mir zwei Mesusot, diese komischen Röhrchen, kleine Kapseln, in denen man ein Schriftstückchen aufbewahrt; ihr Vater hatte sie vor kurzem selbst gemacht.

Herkunft und Nationalität – wo gehören wir hin und wenn ja, warum: Diese Fragen beschäftigten mich auch nach dem Erhalt des deutschen Passes dauernd. Jetzt, wo das Reisen für mich noch einfacher war, nutzte ich diese neue Freiheit nach Möglichkeit aus – manchmal, wie ich heute zugebe, ohne Rücksicht auf Ljuda, die mit dem kleinen Mark, wenig Geld und wenig Schlaf in Tübingen wartete. Wenigstens hatte ich, wie gesagt, meine ursprüngliche fixe Idee, die Universitätsgründung in Dnepropetrowsk, inzwischen aufgegeben, doch statt mich um meine Familie zu kümmern, wie es sich eigentlich gehörte, hielt ich mich nun für den Entdecker der Welt und den Retter des Judentums: eine Mission, die in Amerika und Israel zu erfüllen war. Welch ein Glück und welch ein Wunder, dass meine Frau mich bis heute nicht hochkant rausgeschmissen hat!

Zu meiner Ehrenrettung kann ich sagen: Wo auch immer ich hinkam, warteten die Themen Herkunft, Geschichte und der Umgang damit auf mich. In Washington, D.C. wohnte ich für ein paar Tage im Zimmer eines israelischen Offiziers: ein junger Mann, schönes aschkenasisches Gesicht. Familienfoto auf dem Tisch, goldener Rahmen, alles sehr amerikanisch. Irgendwie kam mir das recht vertraut vor, und ich stellte fest, dass die bürgerlich-pompöse Ästhetik der USA, bestimmte Einrichtungsgegenstände meiner Eltern und der Bilderrahmen des israelischen Soldaten irgendwie korrespondierten. Im Gegensatz dazu herrschte in Deutschland eine recht kühle und minimalistische Industrieästhetik. Alles grau, metallisch. Familien im Goldrahmen sind in Germanija nicht so angesagt – spätestens ab der dritten Generation zurück beginnt die Nazigeschichte, die man nicht so ohne Weiteres in einer Vitrine zeigen möchte. Die Unfähigkeit zu trauern schlägt sich vielleicht auch in einer Unfähigkeit, sich zu freuen, nieder.

Amerikaner und Israelis sind stolz auf ihre Familien, die das mörderische 20. Jahrhundert überstanden und die amerikanische Freiheit beziehungsweise das Heilige Land manchmal gegen alle Umstände erreicht haben. In Germanija hingegen wird es oft ziemlich still im Raum, wenn man als Gast fragt, was der Opa 1942 so alles in der Ukraine gemacht hat.

Der junge Mann, in dessen Zimmer ich in Washington wohnte, war bei seiner Familie in Israel. In dieser milden Oktobernacht gelang es mir nicht, in seinem Bett einzuschlafen; zu viele Gedanken gingen mir durch den Kopf. In Israel hatten mich das migrantische Chaos meiner Gastfamilie, die klimatisierten sicheren Archive und vor allem die Explosionen überall um mich herum wahnsinnig gemacht. Ich war pathetisch und ängstlich. Aber hier, in Amerika, hier hatte ich endlich Zeit, um über Israel nachzudenken Was machte diese jungen Männer zu treuen und ergebenen Soldaten Israels? Hier zeigte sich eine Einstellung, die ich bisher nicht kannte. Woher kam es, dass diese Jungs und Mädchen sich mehr oder weniger bewusst einer sehr konkreten Gefahr aussetzten? Ich verspürte Respekt und hatte den seltsamen Eindruck, in die fremden Kämpfe und die fremden und mir zugleich nahen Gefühle involviert zu sein, die mich sehr direkt betrafen. Immer stärker betrafen.

Doch auch über Amerika dachte ich nach: Hier war mir etwas begegnet, was ich so nicht kannte: reiche, ärmere, alte, jüngere Menschen, die ähnliche Namen wie ich trugen, zum Teil auch ähnlich aussahen – und allesamt jüdisch waren, meistens auf eine sehr sanfte, ungewohnt liberale Art, mit ihren egalitären Synagogen, weiblichen Rabbinern und einer großen Herzlichkeit. Sie konnten nicht verstehen, wieso man in Deutschland leben wollte, im Land der Shoah. Oder wie man überhaupt auf die Idee kommen kann, freiwillig dorthin zu ziehen.

Auf diese Fragen hatte ich noch keine Antworten, war ich doch noch viel zu beschäftigt damit, mir dieses große neue Amerika anzueignen. Amerika, das Land des Überflusses und der Freiheit, das mich immer wieder von Neuem verwirrte und in dem mich meine Heimaten, UdSSR und Deutschland, immer wieder einholten.

So zum Beispiel in Santa Monica, Anfang Dezember 2003. In Tübingen war es grau und kalt, und ich landete in Los Angeles ohne Frühlingsklamotten, ohne eine Ahnung, was mich erwartete. Eine wissenschaftliche Konferenz, zu der die eingeladen hatten, denen es in Deutschland intellektuell und mental zu ungemütlich war. Und in der Tat zeigte sich die dortige akademische Welt sehr viel offener und fremdenfreundlicher als die deutsche. In Santa Monica wohnten schon wieder »meine« Belkins, irgendwelche Verwandte aus meiner weitverzweigten Familie. Natürlich hatte Bonnie den Kontakt hergestellt.

Ich hatte noch etwas Zeit, bevor ich zu meinem Treffen musste, und lief den Ocean Front Walk entlang. Winterlich-deutsch in meinem Äußeren, russisch und zunehmend jüdisch im Inneren. Unausgeschlafen und müde, mit fast zwölf Stunden Flug in den Knochen.

Ein älterer Mann ging mit einem Kind spazieren. Sie sprachen dieses unverwechselbare Ukro-Russisch meiner ukrainischen Gegend, genannt Surschik, das in mir ein Lächeln, gemischt mit starken Heimatgefühlen hervorrief. Wir kamen ins Gespräch, und alles geriet durcheinander – Amerika, Ukraine, Deutschland, meine Familie, Israel, ukrainische Juden in Kalifornien, die Emigration der späten Achtzigerjahre, die letzten, die sich noch ein Ticket in die USA ergattern konnten. Der Mann erzählte schnell, rasant und ohne jegliche Einführung: »Weißt du, die Spielberg-Leute waren kürzlich bei mir. Ich hab das Ghetto überlebt. Sie wollten wissen, wie es so war.« Der kleine Junge hörte zu, wie wir sprachen, genauer gesagt: wie er sprach. Spielberg-Leute, das ist die Shoah Foundation, die weltweit, vor allem aber in den USA, jüdische Überlebende interviewt. »Ich hab nie darüber gesprochen. Und als ich anfing, denen zu berichten, da musste ich nur weinen. Stell dir vor: Ich heulte wie ein Mädchen, konnte mich plötzlich gar nicht mehr kontrollieren.«

Auch jetzt weinte er, oder war es diese milde kalifornische Brise, die nonstop wehte und seine Augen nass erscheinen ließ, wie meine Augen auch? Bevor wir getrennter Wege weitergingen, verabschiedeten wir uns herzlich voneinander – »Komm wieder!«

Eine weitere Reise führte mich nach Philadelphia zu einem Forschungsaufenthalt am dortigen Zentrum für jüdische Studien. Meine wiederum durch Bonnie und irgendwelche Fast-Belkins aus

Philadelphia vermittelte Gastfamilie stammte ursprünglich aus Tübingen. Der Vater ein jüdischer Schwabe, die Mutter osteuropäischer Herkunft; ihrem Mann verbot sie strengstens, »diese Nazi-Sprache« zu benutzen, obwohl es mir natürlich leichter gefallen wäre, Deutsch zu sprechen als Englisch. Auch hier machte ich erneut die Erfahrung, dass Deutschland lediglich eine halblegitime Heimat war, zu der ich mich nur verschämt bekennen durfte.

Die beiden hatten zwei erwachsene Söhne, darunter den Anfang vierzigjährigen David, mit dem wir das soeben erst erschienene und bei ihm bereits installierte Programm Google Street View ausprobierten und uns Germanija ansahen. Tübinger Marktplatz. Fachwerkhäuser, schönes Rathaus, enge Gassen drum herum. Auch die Judengasse, wo die Tübinger Juden ehemals lebten. Das Internet verband Amerika und die Welt, und ich war Teil davon.

»Weißt du«, sagte David auf Englisch zu mir, denn er sprach natürlich gar kein Deutsch, »Mom wollte jahrelang nicht, dass ich nach Deutschland gehe. Trauma halt, dieses Land, du weißt schon.« Ich wusste in der Tat schon. »Dann war ich eines Tages in Tübingen, verbrachte dort ein paar Tage und sagte zu meinem Dad nach der Rückkehr: Vater, weißt du, dass du das erste Drittel deines Lebens in Disney Land verbracht hast?!«.

Ich musste laut lachen: Die Amerikaner, auch David, der die Erzählungen seines Vaters schon oft gehört hat, können sich kaum vorstellen, dass diese Kulisse, die nicht von den Alliierten zerbombt wurde, echt ist und wirklich aus dem 16. und 17. Jahrhundert stammt.

Das führt so weit, dass die meisten Amerikaner die Vorstellung, dass diese tolle Bühne einer deutschen universitären Altstadt einmal schwarz-rot vor Nazifahnen war, nur mit Hollywood in Zusammenhang bringen. Plötzlich verstand ich, was gemeint ist mit den Begriffen Alte Welt und Neue Welt, und verspürte zum ersten Mal im Leben das Gefühl, mein Land – Deutschland – zwar nicht verteidigen, aber doch zumindest erklären zu müssen. Und was die Sache noch komplexer machte: Ich als Neu-Deutscher wurde von dem Nachkommen eines Ex-Deutschen befragt. Der Neu-Deutsche sprach Russisch als Muttersprache, der Nachkomme des Ex-Deutschen hingegen Englisch.

Mit den Begriffen »Zoo«, »Naziland« und wie all diese Metaphern der Tübinger Kollegen lauteten, würde ich, so viel war mir schon damals, knapp zehn Jahre nach meiner Einwanderung, klar, Deutschland nicht umschreiben. Stattdessen machte sich kurz ein ganz neuer Impuls in mir breit: eine Art Verantwortung für das Land. Nur zwei Minuten, dann war dieses Gefühl wieder weg – Deutschland war unendlich weit entfernt, wenn man in Amerika war und sich Tübingen auf Google Street View ansah. Nur das jüdische Gefühl blieb.

Disney Land, Nazis, zynische Ex-Revoluzzer aus dem Tübinger Institut für Osteuropäische Geschichte. Wo stehst du, kleiner Russe, der ungefragt zu einem kleinen Ukrainer wurde und nun ein Jude mit einem deutschen Pass werden will, in diesem verrückten Konzert? Ist es überhaupt deins?

Schwierige Fragen, doch in Amerika kam ich sicherlich nicht dazu, die Antwort darauf zu finden – zu viele andere Dinge waren zu tun und lenkten mich ab. Ich musste schlafen, spazieren gehen, die Umgebung erkunden, neue Kommunikation lernen, mit Leuten sprechen, meine Emotionen in den Griff bekommen. Und irgendwie mit dieser völlig irrationalen Hoffnung umgehen: Alles ist möglich, alle sind bereit, über alles zu reden – und du kannst alles erreichen, oder vieles, oder einiges.

Deine Wünsche kannst du auch in einem schlechten Englisch artikulieren. Du wirst gehört. Keiner fragt dich, wie damals in Reutlingen, wann du zurückgehst. Und keiner kann dieses Tempo längere

Zeit aushalten, ohne Antidepressiva oder Ähnliches einzuwerfen, denn die amerikanische Euphorie frisst dich auf und lässt deiner Angst keine Luft zum Atmen; so schlecht wie in Deutschland darf es dir nicht gehen. Doch vielleicht hält dieses in Germanija so oft artikulierte Unglücklichsein die Deutschen (uns Deutsche!) länger am Leben und über Wasser.

Wie schon so oft in meinem Leben, war ich mal wieder verwirrt, weil ich zwischen zwei Welten stand. Auf der einen Seite hatte sich inzwischen eine zarte Liebesgeschichte zwischen mir und Deutschland angebahnt, auf der anderen Seite beeindruckte Amerika mich stark, nicht nur, weil dort alles groß war – die Toasts, die Orangensaftpackungen, die Hotels und die Autos –, sondern auch, weil ich das Gefühl hatte, dass jeder sich irgendetwas vom Leben nahm. Ja, das Land selbst nahm sich etwas vom Leben, schnappte sich die besten Wissenschaftler, die besten Erfinder, das Beste von allem. Wahrscheinlich idealisierte ich zu diesem Zeitpunkt die Vereinigten Staaten, in denen angeblich alles möglich war – und ich mittendrin. Und zwar mit meinem europäisch-deutschen Reisepass, für den ich kein Visum brauchte.

Diese Erfahrung war eine wichtige Station auf meinem Weg zum Judentum, denn die Freiheit, die ich am Beispiel der in den USA lebenden Belkins kennenlernte, ihre Lockerheit und ihre Hilfsbereitschaft beeindruckten mich sehr.

Herkunft und Nationalität – wo gehören wir hin und wenn ja, warum: War ich ein aus einem russischen Intellektuellen geborener deutscher Kleinbürger mit weltbürgerlichen Ansprüchen? Würde das das jüdische Modell des frühen 21. Jahrhunderts sein? Langsam lernte ich, etwas weniger zu generalisieren und mich selbst nicht ständig auf einer Mission zu sehen. Auch das hat Amerika mir beigebracht. Als ich zu Ljuda und Mark nach Hause kam, war ich ein ganzes Stück pragmatischer.

Russisches Judentum im Halb-Untergrund

Tübingen, Anfang der sogenannten Nullerjahre: Der Abend senkte sich über die Stadt und ließ die Fenster der Bibliotheken wie auch der Professorenvillen leuchten. Vor der Aufnahmestelle für die russischen Spätaussiedler, die sogenannten Russlanddeutschen, die in einem weitläufigen alten Fabrikgebäude unweit des Bahnhofs untergebracht war, trafen sich ein Ex-Russe und ein Ex-Ukrainer vor dem schlichten japanischen Auto des Russen.

Die beiden Männer waren mein Freund Petja Reichmann und ich. Ohne viel zu reden, packten wir Bücher und Kippot ein, setzten uns ins Auto und fuhren los, während aus dem Kassettenrekorder ein sowjetischer Liedermacher tönte.

Wir fuhren nach Stuttgart zu einem Studentenwohnheim, das so aussah, als sei es direkt nach seiner Errichtung in den Achtzigerjahren wieder kaputtgegangen, um uns mit etwa fünfzig anderen jungen russischsprachigen Juden (und Jüdinnen!) zu treffen, die sich unter der Leitung des Rabbiners Kalew Krelin religiösen Themen widmeten. Diese Leute mochten die jüdische Gemeinde in Stuttgart nicht: Fehlende Vitalität, das Muffig-Amtliche, auch ein Befremden zwischen alteingesessenen »Nichtrussen« und den neuen »Russen« waren die Hauptgründe, die wir mit vielen Intellektuellen unter den Einwanderern zwischen Karlsruhe und Lübeck teilten.

Krelin ist gewissermaßen auch ein Flüchtling beziehungsweise ein Geflüchteter, denn er floh aus einem intellektuellen Moskauer Haus. Schon sehr früh, in den späten Achtzigerjahren, ging er alleine nach Israel. Sein Vater war ein in der Sowjetunion berühmter und geachteter Schriftsteller, der seiner Heimat gegenüber stets loyal war. Meer, aber auch Medizin und Ärzte – das waren seine Themen. Er entstammte einer im wesentlichen jüdischen, hochgebildeten Familie, die fast komplett assimiliert war. Das bedeutet, dass

Vater Krelin an die Bergpredigt Jesu glaubte, aber nie in die Kirche ging. Alles in allem also ein kultivierter jüdischer Sowjetbürger.

Der junge Kalew, der damals noch ganz anders, nämlich »normal«, Alexander hieß, ist eines Tages schlicht abgehauen. »Die jüngste Aliya (die Auswanderung nach Israel) in der sowjetischen Geschichte«, erzählte mir jemand im Wohnheim über ihn. Sein Vater, der schließlich auch auswanderte und 2006 in Israel verstarb, schrieb: »Menschen, die ein Ziel haben, ändern sofort ihre Gangart.«

Das machte Krelin: Er änderte seine Gangart. Und wurde offensiv. Charismatisch. Erwachsen und antiisraelisch. Der dortige Zionismus, wie beispielsweise der von Amatzia und Bonnie, war ihm zu weltlich, zu kleinbürgerlich. Also machte Kalew sich auf in die jüdische Diaspora nach Deutschland. Inzwischen war er nicht nur antizionistisch, er war auch anti-nichtjüdisch. Die Nichtjuden und ihre Sorgen interessierten ihn nicht. Kalew wollte den Durchbruch seiner in Deutschland lebenden russischsprachigen Klientel zum orthodoxen Judentum erreichen. Einen schnellen, sehr konkreten Durchbruch, egal ob in Stuttgart, Moskau oder Tel Aviv. Er wollte, dass junge russische Juden in Deutschland ihre Gangart änderten und endlich ein Ziel bekamen.

Wir lasen gemeinsam irgendwas, er interpretierte den Text, Fragen wurden gestellt. Viele redeten über ihre nichtjüdisch-jüdische Herkunft oder die ihrer Partner. Kalew registrierte das kaum, beziehungsweise er ignorierte diese Einwürfe – jüdisch ist jüdisch, und damit basta. Das sei einzig eine Frage der Geburt oder eben eine Entscheidung, der keine Übertrittssorgen, keine Schwierigkeiten im Weg stehen dürften. Mich beeindruckte diese Konsequenz und Strenge, während Ljuda, als ich ihr davon erzählte, gleich meinte, das sei faschistisch, und das werde sie sich weder anhören und noch anschauen.

Das, was Krelin uns da vorlebte, war völlig hermetisch. Deutschland, die Ruinen der UdSSR, die nichtjüdische Welt, das Leben vor der Tür, Dönerbuden der Großstädte – das alles sollte draußen bleiben. Ein radikales Projekt. Ein koscheres und reines. Aber leider kein lebensbejahendes, würde ich heute sagen. Ich vermute vielmehr, dass der rabbinische Unterricht von einer amerikanischen oder Schweizer orthodoxen Gruppe organisiert und finanziert wurde, um die suchenden intellektuellen und feinen Polinas, Dmitrijs und Pawels, die gerade erst anfingen, sich eine bundesrepublikanische Existenz aufzubauen, vom Eintritt in die Gemeinde beziehungsweise vom Übertritt zu überzeugen. Charismatiker wie Kalew versuchten mit ihrem rudimentären Deutsch, dafür aber mit einem messerscharfen Russisch und einem gewissen religiösen Fanatismus, die Herzen und Köpfe der Auswanderer zu erreichen. Wie so häufig, war ich auch hier wieder ambivalent: Ich fand in diesem Unterricht etwas von dem, was ich suchte, war aber auch irritiert von der Radikalität seiner Lehre.

Kalew Krelins Schicksal in unserer Germanija war vorhersehbar. Er ging als Rabbiner in eine Gemeinde im Süden Deutschlands, in der es nicht viele Russen an der Spitze gab. Natürlich passte er überhaupt nicht dorthin, und bald gab es eine Reihe von Auseinandersetzungen innerhalb der Gemeinde, an deren Ende er gehen musste. Heute lebt er als Religionslehrer in New York, von wo aus er, wie ich Facebook entnehme, häufig nach Russland fliegt.

Meine Freunde Petja und Sascha konnten mit Kalew Krelin und seiner Lehre mehr anfangen als ich. Sie fanden zu einem durchdachten, strukturierten (ultra-)orthodoxen Judentum, bekamen mehrere Kinder und gingen schließlich in die Schweiz. In der Schweiz, irgendwo in Zürich, wo viele Juden orthodox sind und die Infrastruktur für ein solches Leben besteht, können sie ihr Judentum leben.

Tübingen muss man frühzeitig verlassen

Als meine Postdoc-Stelle auslief, musste ich das Tübinger Institutum Judaicum verlassen und mich auch von meinem Forschungsthema, »Wladimir Solowjew und das Judentum«, verabschieden. Stattdessen lernte ich das Arbeitsamt kennen, wo man mit mir ein Gespräch über meine Perspektiven führte. »Wir melden uns bei Ihnen in Kürze, Herr Dr. Belkin«, sagte mein zuständiger Betreuer. Tatsächlich bekam ich kurz darauf ein Jobangebot. Es kam mit der Post: Ein amtlicher Briefumschlag, und amtliche Briefumschläge machten mich unruhig, denn sie bedeuteten in der Regel nichts Gutes. Meinen Brief habe ich später in unserer Frankfurter Ausstellung über die Einwanderung aufgenommen, in der wir ein »Amt Deutschland« nachgebaut haben und die für die sprachlosen Einwanderer missverständlichen Briefe vorlesen ließen. Eine lustige Installation, dachten die Besucher – eine echte Tragödie, wusste ich. Denn was kann ein deutsches Arbeits- oder Sozialamt einem gebildeten Ingenieur über fünfzig oder einer erfahrenen Ärztin über vierzig anbieten, die kaum Deutsch sprachen und 15 bis 20 Jahre in einem anderen Land und einem anderen System gearbeitet haben? Nichts!

Doch ich war noch jung und aus der Sicht des Amtes nicht chancenlos, deshalb bot man mir einen Fortbildungskurs als Gabelstaplerfahrer an. Das Wort kannte ich noch nicht und musste es erst mal im Wörterbuch nachschlagen. Nachdem das erledigt war, wunderte ich mich und dachte an meine Mutter, die immer davon geträumt hatte, dass ich Automechaniker werde. Der Gabelstaplerfahrer kam diesem Traum schon deutlich näher. Ich konnte darüber lachen, aber das war der Weg der meisten Einwanderer in diesem Land – wenn man Glück hatte, jung war und Deutsch beherrschte.

Ich musste da raus. Raus aus der Welt der Osteuropäischen Geschichte, der Gabelstaplerfahrer und wohl auch raus aus Tübingen, das mich in seiner Beschaulichkeit wahnsinnig machte. Das bedeutete, dass wir eine neue Perspektive brauchten, in einer Stadt, die sowohl für Ljuda als auch für mich Arbeit bot. Also machte ich mich auf die Suche.

Meine erste Station – mal wieder im Rahmen einer Konferenz – war das Simon-Dubnow-Institut für jüdische Geschichte und Kultur in der wunderschönen kaputten Goldschmidt-Straße in Leipzig. Simon Dubnow war ein im 19. Jahrhundert geborener russisch-jüdischer Historiker, der 1941 nach seiner Deportation in Riga umgebracht wurde. Seine umfangreichen Erinnerungen lesen sich wie eine jüdische intellektuelle Lebensschule und waren für mich eine wichtige Lektüre auf meinem Weg zum Judentum. »Schreibt, Juden, schreibt das alles auf!«, soll der greise Historiker seinen jüdischen Zeitgenossen kurz vor seiner Ermordung im Jahr 1941 zugerufen haben. Genau das wollte ich auch machen: Ich wollte schreiben. Dafür musste ich Menschen treffen, die das ermöglichen können.

Das Institut wurde zu dieser Zeit – wir schreiben das Jahr 2003 – von Dan Diner geleitet, der mir eine Arbeitsmöglichkeit in Aussicht stellte. »Schauen Sie, wie schön die Fassaden dieser Stadt sind!«, sagte er. Und hinter den Fassaden die leeren Räume, das wissen Sie doch – das wollte und konnte ich ihm nicht antworten. Leipzig jedenfalls, das wurde rasch klar, war nicht die Stadt, in der Ljuda und ich leben wollten.

Auf der gleichen Konferenz lernte ich noch weitere Wissenschaftler kennen, beispielsweise Raphael Gross, der aus der Schweiz stammte und in Frankfurt lebte und dem ich auch später immer wieder begegnen würde. Auch an diesen Begegnungen merkte ich, wie horizonterweiternd es war, Tübingen hinter mir gelassen zu haben und trotzdem innerhalb Deutschlands neue Erfahrungen zu machen. Dan Diner und Raphael Gross verkörperten für mich den Typus des deutsch-jüdischen Intellektuellen, den ich sehr bewunderte und der für mich eine Art »role model« darstellte: In diese Richtung wollte auch ich mich bewegen.

Und ich traf einen weiteren Frankfurter: Michael Stolleis, Rechtshistoriker und Leiter des Max-Planck-Instituts für Rechtsgeschichte; sein Vater war ein prominenter Lokalpolitiker in der Nazizeit gewesen, und er selbst hatte großes – ich würde fast sagen: empathisches – Interesse am Judentum und der jüdischen Geschichte. Wir unterhielten uns, und ich erzählte ihm von meiner Beschäftigung mit den Rechtsräumen der Juden in Russland und der Ukraine, speziell der jüdischen Juristen des frühen 20. Jahrhunderts. Stolleis war sehr freundlich und offen, hörte mir zu und sagte sehr bald: »Sollten Sie Geld für dieses Projekt bekommen, kommen Sie einfach zu mir nach Frankfurt. Einen Arbeitsplatz in meinem Institut würde ich Ihnen gern anbieten.«

Ich fasste umgehend Vertrauen zu Michael Stolleis, der zugegebenermaßen auch meine positiven Vorurteile über die aufgeklärten Deutschen bediente. Wenn ich mit ihm sprach, sah ich sofort dieses kultivierte, anständige Deutschland vor mir. Halfen die Vorurteile, störten sie eher? Diese Frage stellte sich mir gar nicht, denn die Zeit drängte – vor meiner Tür stand gefühlt ein Gabelstapler …

Die Angelegenheit war entschieden. Die Magistra in Kunstgeschichte und Promovendin des Frankfurter Instituts, Ljudmila Belkin, ihr Mann, der »Doktor und Vater«, und der vierjährige Mark Dmitriewitsch Belkin, verließen nach zehn Jahren ihre erste dauerhafte Station Tübingen und zogen um nach Frankfurt.

Ankommen im jüdischen Frankfurt

Wenn das eigene Kind eine Komplikation nach einer harmlosen Erkrankung bekommt und man selber in einer schweren chronischen Nachumzugsübermüdungskrise in einer gänzlich fremden Stadt namens Frankfurt am Main ist, wird die Sache ernst. So ging es uns: Mark bekam nach einer einfachen Erkältung so hohes Fieber, dass Ljuda mit ihm ins Krankenhaus fuhr. Wir machten uns beide große Sorgen und waren komplett ratlos.

Doch als Ljuda aus dem Krankenhaus wieder zurückkam – übrigens mit einem friedlich schlafenden Mark, der in den nächsten Tagen wieder komplett genesen sollte –, war sie heiter gestimmt und erzählte mir eine wunderschöne Geschichte: Während sie mit Mark auf dem Schoß unsicher und ängstlich im Warteraum saß, hörte sie plötzlich, wie ein anderer Vater seinem Töchterchen leise jiddische Lieder vorsang. Auch wenn sie nicht viel davon verstand, so erkannte sie doch schnell, wie vertraut die Melodien waren, an die sich aus unseren gemeinsamen Besuchen in der Synagoge erinnerte. Und im Nu fühlte auch Ljuda sich beruhigt, besänftigt und gut aufgehoben.

Ljuda und ich freundeten uns bald mit diesem Mann und seiner Frau an: Kurt, deutscher Jude und Psychoanalytiker, Buchautor, Sohn von Holocaustüberlebenden und Bruder eines jüdischen Gemeindepolitikers und einer der bestangezogenen Männer, die ich kenne. Verheiratet ist er mit Nargess, einer Iranerin, die später als Politikerin die Integration der Einwanderer in Frankfurt mitverantwortet. Das zufällige Treffen im Krankenhaus war auch deshalb schön, weil wir ohnehin bewusst oder unbewusst Juden suchten. Und das Jüdische. Im Warteraum des Krankenhauses im uns noch fremden Frankfurt hätten wir es am wenigstens vermutet, doch warum nicht? Wie wir bald feststellen, ist das Jüdische in unserer neuen Stadt allgegenwärtig. Zum Beispiel in Form eines Vaters, der seinem Kind »Schlof sche Kinderle« vorsingt und damit für uns – erst für Ljuda, aber dann auch gleich für mich – ein Gefühl der Vertrautheit schafft. Es mag etwas weit hergeholt klingen, aber nach Ljudas Begegnung mit Kurt, die im Krankenhaus nahe der U-Bahnstation »Zoo« stattfand, bekam der Satz »Willkommen im Zoo« plötzlich einen ganz anderen Klang, einen viel sanfteren und, nun ja, menschlicheren.

»Dos Lidele, tralalala«, das schöne Liebeslied, sang ein anderer Mann, den wir in Tübingen zunächst als Stimme auf der CD und in Frankfurt dann persönlich kennenlernten: Daniel Kempin, ein als Christ aufgewachsener jüdischer Musiker, der mit seiner »russischen«, ursprünglich moldawischen Frau Ljudmila zusammenlebt, die wiederum mit ihrer Familie eine wahnsinnige Odyssee zwischen der späten Sowjetunion, Israel, Deutschland und Amerika durchgemacht hatte. Auch mit ihnen freundeten wir uns an, und plötzlich wurde es jüdisch um uns.

»Plötzlich« ist natürlich eine massive Selbsttäuschung: Wir – nein, ich muss ehrlich sein: ich – suchte das Jüdische in einer Stadt, in der es das auch tatsächlich gab. Einer Stadt, die keinen guten Ruf in Deutschland hat und in die ich mich umgehend rest- und hoffnungslos verliebte. Wo ist denn diese »soziale Kälte«, die angeblich von der Stadt Frankfurt ausgeht? In den zehn Jahren Frankfurt konnte ich sie nirgends entdecken.

Frankfurt: Man kommt in einen jüdischen Kindergarten, um den Sohn dort anzumelden, und sagt: »Wir wollen sehr, dass Mark zu euch geht. Aber: Ich bin kein Gemeindemitglied, außerdem nur väterlicherseits jüdisch, nicht halachisch.« Wo sonst außer in Frankfurt würde man hören: »Aber Sie strahlen das aus, schicken Sie Ihren Sohn ruhig zu uns!«

Wir waren »gemeindelos« in Deutschland. Ich fragte mich ab

und zu, ob ich überhaupt eine Gemeinde brauchte. Wozu? Brauchten aufgeklärte Intellektuelle eine »Gemeinde«? Die Mehrheit der Leute, die ich kenne, beantwortet diese Frage mit einem entschiedenen »Nein«. Gemeindelos und autonom sein – so verstehen sie die Aufklärung. Doch wenn ich darüber nachdachte, sah ich Ludolf Müller mit seiner Tübinger evangelischen Gemeinde vor mir; gleichzeitig sah ich meine neuen jüdischen Freunde in Frankfurt, die intellektuell, fein und doch »Gemeinde-Menschen« waren. Und mittendrin ich auf der Suche nach einer Gemeinde, vielleicht erst mal auf der Suche nach einem Zuhause oder nach einem sicheren Hafen? Egal, erst mal wurde Frankfurt zu unserer Gemeinde, einer internationalen, hessischen, pragmatischen und gleichzeitig idealistischen Gemeinde. Dann wurde das Max-Planck-Institut zu meiner Gemeinde. Mein Büronachbar, der Byzantinist Herr Schminck, hatte in seinem Zimmer ein Foto aufgehängt: Synagoga und Ecclesia aus dem Straßburger Münster; die Synagoge mit verbundenen Augen, die den Weg in die Zukunft nicht sieht, denn den gibt es nur fürs Christentum, nicht fürs Judentum.

»Stört Sie das Bild?«, fragt mich Herr Schminck. »Ich kann das problemlos abhängen. Ein jüdischer Kollege und die Synagoge mit verbundenen Augen ...« »Im Gegenteil, Herr Schminck, ganz im Gegenteil!« Frankfurt *at its best*, und das Bild störte mich in der Tat nicht. Europäische Kultur – dachte der Russe in mir. Christlicher Antijudaismus – dachte der Jude in mir. Teil des Abendlands, denkt der Intellektuelle in mir und lächelt.

Meine Frankfurter Schulen

Minjan ist im Judentum, wenn zehn Männer (traditionell) oder zehn Menschen (liberal) zusammenkommen. Zum Beten, zum Zusammensein. Vor der Shoah hatte Frankfurt eine der stärksten liberalen Gemeinden Deutschlands. Nach der Shoah hatten die wenigen deutsch-jüdischen Rückkehrer nach Frankfurt kaum Chancen gegen die polnischen Überlebenden, die diese Gemeinde wiederaufgebaut, aber auch radikal verändert haben.

Irgendwann in Tübingen, in einem der studentischen Kirchenhäuser, habe ich gegen Mitte der Neunzigerjahre einmal einen rundlichen Mann erlebt, der dem enthusiastischen schwäbischen christlichen Publikum, dessen Durchschnittsalter deutlich über sechzig lag, das Judentum im heutigen Deutschland näher bringen wollte. Der rundliche Mann in einem nicht ideal gebügelten Hemd hieß Ignatz Bubis und witzelte ununterbrochen. Sein Vortrag war eine lockere politische, anekdotisch angelegte Erzählung über die Juden, die Deutschen, Israel und die Welt. Sein Humor war selten erstklassig, und ich glaube, Tübingens Professoren – die überdies gar nicht da waren – hätten mit dem Abend, der ein wenig einer religiösen Kaffeefahrt ähnelte, nicht viel anfangen können. Für mich hingegen war es meine erste Auseinandersetzung mit einem jüdischen Politiker in Deutschland. Bubis, der damalige Präsident des Zentralrats und Vorsitzender der Frankfurter jüdischen Gemeinde, gefiel mir, selbst wenn auch ich nicht immer mitlachen konnte. Er erzählte, sicherlich nicht zum ersten und auch nicht zum letzten Mal, wie er im Zusammenhang des Öfteren gefragt wurde: »Was würde denn Ihr Präsident dazu sagen?« »Mein Präsident«, antwortet Bubis und meint den deutschen Bundespräsidenten, »äußerte sich gar nicht dazu. Leute, hört auf, alle Juden gleichzeitig für Israelis zu halten. Die Juden sind hier, in Deutschland, und bilden keinen Staat im Staate.«

Als ich nach Frankfurt kam, war Ignatz Bubis bereits seit fünf Jahren tot. Die unschöne Walser-Kontroverse in der Paulskirche – »die Holocaust-Keule« von Martin Walser und Bubis' Sitzenbleiben, während die anderen in der überfüllten Kirche Standing Ovations ablieferten –, verlängerten sein Leben sicher nicht unbedingt. Ignatz Bubis resignierte, artikulierte im *Stern* sein berühmtes »Ich habe nichts oder fast nichts bewirkt« und starb. Krank, erschöpft und so gut wie pleite, wie sich später herausstellte.

Er hatte zu Lebzeiten den Wunsch geäußert, nicht in Deutschland begraben zu werden, weil er Angst hatte, dass sein Grab von Neonazis geschändet werden könnte. Stattdessen wurde er nach Israel überführt, wo sein Grab während der Beerdigung von einem jüdischen Fanatiker angegriffen und geschändet wurde. Ein nahezu unvermeidliches Paradox einer jüdischen Frankfurter Nachkriegsexistenz? Wo ist es letztlich besser? Nirgends! Oder bestenfalls dort, wo wir gerade nicht sind. Lebend oder tot. Wir sollten, denke ich, am besten dort bleiben, wo wir sind. Wenn unsere Länder uns nicht im Stich lassen und über Nacht verschwinden. Doch das ist eine andere Geschichte.

Das Ableben von Ignatz Bubis – bis heute herrscht in Frankfurt ein gewisser Kult um seine Person – hinterließ ein riesiges Loch, auch im politischen Leben der Stadt und brachte drei oder vier Frankfurter Familien, sozusagen seine Ziehsöhne, an die Macht in der jüdischen Gemeinde. Ich bekam es mit der jüdischen Gemeinde seiner Ziehsöhne zu tun.

Bubis war nicht sonderlich observant. Die wenigsten Überlebenden konnten es nach der Shoah sein. Die Leere, die sich um sie und ihre Restfamilien auftat, war exorbitant und konnte mit keiner Religion der Welt gefüllt werden. Bubis hatte beinahe alle Angehörigen verloren. Er war traditionell und gar nicht großbürgerlich-assimilatorisch. Er nannte sich zwar in dieser schönen Manier des späten

19. Jahrhunderts einen »deutschen Staatsbürger jüdischen Glaubens« und kannte anfangs vermutlich die zionistische Parodie dieser Formel: »deutsche Staatsjuden bürgerlichen Glaubens« nicht. Bubis war kein Historiker und wollte es auch nie sein. Er war zunächst ein amoralischer Geschäftsmann und später ein politischer Moralist. Was für eine Entwicklung! Bubis wollte loyal und patriotisch sein, er war hart und rücksichtslos in seiner geschäftlichen Phase, dieser »deutsche Staatsbürger jüdischen Glaubens«, der immer behauptet hatte, deutsch zu sein. Er verlor seine Familie und die Illusionen, er stand auf, weil es in der brutalen Nachkriegswelt sowieso zu nichts geführt hätte, am Boden liegen zu bleiben; er war brutal und zynisch, dann in seiner späten, präsidialen Phase mild, lebensweise und moralisch.

Bundespräsident Bubis als eine Option für Deutschland, wie man in Frankfurt leise erzählte? Warum nicht, ich hätte einen solchen polnischen Jungen gern als meinen Präsidenten gehabt. Vermutlich dachten nicht alle so, was keine allzu große Sünde ist – Deutschland ist und bleibt ein sehr deutsches Land, mannigfaltige Einwanderungen hin oder her. Am Ende bekam er seine Brücke in Frankfurt, die Ignatz-Bubis-Brücke. Auf dieser Brücke konnte man bei den Kommunalwahlen das Plakat der Republikaner sehen, das einzig die Aufschrift trug: »Bubisbrücke«. Doch, ja, Bubis war auch zu Lebenszeiten eine Brücke. Eine jüdische Brücke zur deutschen Umwelt.

Wenn es um Religion ging, waren jüdischer Liberalismus, insbesondere Rabbinerinnen und Kantorinnen, für den politisch liberalen Bubis ein Tabu – der Patriarch Bubis stammte aus einer patriarchalen Zeit und einem patriarchalen Milieu. Doch er war klug und weitsichtig genug, einer bescheidenen liberalen Frankfurter Gruppe den Weg in die Gemeinde zu öffnen, zumindest erst einmal in die Nähe der Gemeinde. Denn was könnten sie schon an einem funktionierenden System mit einem loyalen, bestens bezahlten orthodoxen Gemeinde-Rabbiner ändern, wie könnten sie dieses System gefährden, dieses System einer der Gemeindeführung treuen Orthodoxie und einiger Familien, die wohlsituiert sind und ihren sehr bewusst ausgeübten Gemeindetätigkeiten ehrenamtlich nachgehen? Ehrenamtlich nachgehen können – die Väter dieser Männer, die die Gemeinde leiteten, hatten in den Sechziger- und Siebzigerjahren vorgesorgt. Mit den Immobiliengeschäften der Verzweifelten, denen ihre Verzweiflung, die der Überlebenden in Deutschland, eine Kampflust verlieh. Viele von ihnen sprachen jenes Polnisch-Jiddisch, das Martin Walser später einem Kritiker vorwarf, den er mit seinem Buch begraben wollte – dem Frankfurter Marcel Reich-Ranicki. Die Alten hatten vorgesorgt, die heute 65- bis 70-jährigen Jungen machten die Sache weiter – eine Frankfurter Logik, auch die Logik der Macht und der Kontinuität, die im Nachkriegsjudentum Deutschlands sonst kaum vorkommt.

Ich nenne diese Frankfurter Machtkonstellationen – die »Stikelach«, wie meine Oma solche Ränkespiele mit dem freundlich gemeinten jiddischen Begriff bezeichnete – die »Frankfurter Schule«. Ich formuliere das liebevoll, wohl wissend, dass diese »Frankfurter Schule« (nicht Adorno und Horkheimer, die beide auch ziemlich autoritär waren und deswegen das Autoritäre so gut kritisieren konnten) nicht übermäßig viel mit der klassischen Demokratie zu tun hat. Aber sie hat in all ihren Hierarchien mit einer sinnvollen Machtraumaufteilung zu tun. Mach dein Ding, ich mache meins. Gib mir einen Spielraum, und du bekommst deinen. Ein wenig amerikanisch ist das, mit einer Portion deutschem Fatalismus und der melancholischen Herbstlichkeit des Frankfurter Bahnhofsviertels.

Ich habe in Frankfurt gelernt, auch an Dnepropetrowsk anknüpfen zu können, das ähnlich tickt – Basar, eine gemäßigte Kriminalität und Verwaltung. Nur dass die Verwaltung meiner brutalen ukrainischen Stadt keine Schuldgefühle hatte, sie konnte, im Unterschied zur Frankfurter, auch offen antisemitisch sein. Die Frankfurter Verwaltung war das nicht, doch wehe, etwas lief nicht nach ihrem Plan, wie bei den Konflikten um den Abriss der Villen im Westend in den Siebzigerjahren: Die Namen der jüdischen Immobilienmakler tauchten sofort in jeder Zeitung auf. So geht die »Frankfurter Schule« – eine funktionierende Schule, die auch über Toleranz und Großzügigkeit verfügt.

Einer, der sich mit Frankfurt und den diversen Frankfurter Machtschulen intensiv auseinandergesetzt hat und dessen Filme und Bücher meine Frankfurter Zeit entscheidend prägten, zählt mit seinem Stück *Der Müll, die Stadt und der Tod* (1975) und mit seiner Figur des »Reichen Juden« dort zum Kanon des bundesrepublikanischen Antisemitismus. Rainer Werner Fassbinder. Viele Frankfurter jüdische Freunde nennen Fassbinder verächtlich »Müllbinder«. Sie würden seine Filme nie schauen, ihn nie lesen. Er verschlimmere das Trauma des Holocaust. Wäre Fassbinder, der 1982 starb, heute am Leben, hätte er noch weit vor Jakob Augstein seinen Platz in der Liste der prominenten Antisemiten sicher. Fassbinders grenzwertige Äußerungen über Juden, über Bubis, in dem er wahrscheinlich seinen »Reichen Juden« sah, mochte ich nicht. Was mich an Fassbinder faszinierte, war sein Streben, gesellschaftliche und politische Diskursräume zu öffnen, auch und gerade dort, wo es wehtut: beim Thema Juden und Deutsche nach dem Holocaust, einem Thema, das ab meiner Zeit in Frankfurt mein Bild von Germanija entscheidend prägte. Fassbinder war vor 35 Jahren weiter als das Land heute, wo dieses Thema fehlt. Heute schauen wir uns die mit Millionenbudgets, teils von den öffentlich-rechtlichen Sendeanstalten produzierten, unendlich langen TV-Produktionen an, in denen die Tragödien des Zweiten Weltkriegs als eine Art Erinnerungswellness inszeniert werden. Die jüdischen Figuren werden hier aus Angst mit Zuckerguss überzogen, statt sie als komplexe Menschen mit guten und schlechten Seiten darzustellen. Der versüßte Philosemitismus versiegelt genau jene Räume, die Fassbinder in Frankfurt vor mehr als drei Jahrzehnten mit dem Vorschlaghammer eines getriebenen Genies zu öffnen versuchte, indem er das Leben, den Tod und die Macht in der Stadt analysierte. Ich spürte diese Widersprüche in Frankfurt, sie fesselten mich intellektuell und politisch.

Und inmitten all dieser Widersprüche suchte ich einen Weg zum Judentum.

Egalitärer Minjan, so hieß eine liberale jüdische Gruppe in Frankfurt, die sich jenseits von Immobiliengeschäften und Machtstrukturen bewegte. Auch sie war ein Produkt der Nachkriegszeit, selbst wenn Frankfurt schon vor dem Holocaust eines der Zentren des deutsch-jüdischen Liberalismus war. Der Egalitäre Minjan der Nach-Shoah-Zeit war aus einer liberalen jüdischen Gruppe erwachsen, die sich auf dem Gelände des ehemaligen IG-Farben-Hauses versammelte, in dem nach dem Krieg die amerikanische Militärverwaltung angesiedelt war: Dort tanzten die jungen Frankfurter Juden, und einige Frankfurter Nichtjuden (und wohl auch einige Frankfurter Juden, die nicht tanzen gingen) wollten es in den Siebzigerjahren mehrmals in die Luft jagen – der »imperialistische Feind« durfte keine Ruhe in unserem roten Frankfurt bekommen. In diesem Haus, genauer: auf diesem Gelände, in dem ich einige Jahrzehnte später mein Büro haben würde, gab es eine amerikanische »Chapel«, in der sich die liberalen Frankfurter Juden trafen. Die Gruppe entwickelte sich nach dem Abzug der Amerikaner weiter. Zu dieser Gruppe stießen wir, weil – wie so oft – meine Frau Ljuda einen Kontakt über eine andere Mutter aus dem Kindergarten hergestellt hatte.

So saßen wir eines Abends beim sogenannten Schi'ur, einem Vortrag, der eine Thora-Interpretation zum Thema hatte. Es herrschte eine angenehme Atmosphäre, in der man über den Text und miteinander redete. Anders als in meiner bisherigen Gemeindeerfahrung gab es kaum Russen in der Gruppe, denn die meisten russischen Juden, so meine Erfahrung, waren eher traditionell und wurden orthodox – wenn sie etwas machten, dann richtig. Hier würde kein orthodoxer Jude auftauchen, und hier wäre er auch völlig deplatziert. Die Prinzipien des deutschen liberalen Judentums – der historische Blick auf manche Texte und Geschichten, die fehlende liturgische und räumliche Trennung von Männern und Frauen, aber auch die aus den Vereinigten Staaten kommenden spirituellen, meditativen Elemente des New Age – all das ist beim egalitären und natürlich auch elitären Minjan zu finden, denn die »Minjanisten und Minjanistinnen« sind fein und hochgebildet.

Dennoch wurden natürlich auch hier Auseinandersetzungen geführt, allerdings auf etwas subtilere Art. Auseinandersetzungen um den Platz in der Gesellschaft, den viele von uns aus dieser Gruppe noch nicht gefunden hatten. Wir waren sicherlich nicht traumatisiert, aber doch gekränkt, weil man uns in unserem deutschen und deutsch-jüdischen Leben mehrmals signalisiert hatte: »Entweder ihr werdet so, wie wir es von euch erwarten, oder ihr gehört einfach nicht dazu.« Doch manche von uns wollten eben nicht genau so werden, wie die Mehrheitsgesellschaft es offenbar von ihnen erwartete, und verzichtete folglich aufs Dazugehören. Dies galt eben nicht nur für die Erwartungshaltung innerhalb der deutschen Gesellschaft, sondern auch innerhalb der jüdischen Gemeinden – auch hierfür bot der Egalitäre Minjan eine willkommene Zuflucht.

Seit meiner Ankunft in Deutschland habe ich festgestellt, dass es hierzulande eine Liebe zu den Schwachen gibt – aber nur, solange sie schwach sind. Ich halte dies für eine sehr deutsche Liebe zu den

angeblich Schwachen, die übersieht, dass die Marginalen, die Rand-
gruppen, die Einwanderer nicht nur schwach sind, sondern ebenfalls Machtkämpfe führen und Macht ausüben wollen – sie wiederholen oft die verhassten Muster der Mächtigen. Fassbinder hat das
gefilmt, wir haben das erlebt. Man muss nur darüber sprechen –
in unserer erschrockenen Germanija, in meinem kleinen, beschaulichen, bürgerlichen, aber auch sehr widersprüchlichen Frankfurt
mit seinen »Frankfurter Schulen« der Macht und der Loyalität.

IV.
»WIE HART IST ES, ALS JUDE
IN DEUTSCHLAND ZU LEBEN?«

Frankfurt – Berlin – USA

Kein Luftmensch mehr sein

Was gibt mir Halt in Deutschland? Schon kurz nach meiner Ankunft in Frankfurt – in meinen Augen der einzigen Stadt in Deutschland, in der auch nach dem Holocaust noch so etwas wie eine jüdische Atmosphäre in der Luft liegt – hatte ich überhaupt keine Zweifel mehr: Das Judentum gibt mir Halt. Doch wo konnte ich es finden?

Zum Beispiel bei Georg, genannt Jurek, Heuberger, der seit der Gründung 1988 das Jüdische Museum der Stadt leitete. Er war im Alter von zwei Jahren nach Frankfurt gekommen, und er und seine Frau Rahel, eine ebenso wichtige Figur im jüdischen Leben Frankfurts, verkörperten für mich das angenehme jüdische Bildungsbürgertum, das sich so deutlich unterschied vom Tübinger professoralen Großbürgertum. Diese Leute kannten ihre Herkunft, ihre tragischen Familiengeschichten und standen auch zu den Brüchen in ihren Biografien.

Und es gab noch dieses unverwechselbare Frankfurter Geschäftsbürgertum. Es hatte etwas sympathisch Aufsteigerisches, etwas Unfertiges, was ihre Vertreter mal mit einer zu kräftigen Stimme, mal mit einem nur halb gelungenen Witz, mal mit einem zu direkt verplauderten Gerücht verraten. Sie wurden schnell laut und dachten dabei, sie wären authentisch – der einzige Unterschied zu meinen frechen jüdischen Dnepropetrowsker Freunden war, dass die Dnepropetrowsker dabei keine bürgerliche Authentizität heraufbeschwörten. Die Frankfurter Juden wollten gerne im gleichen Verein spielen wie die aus München, Hamburg und dem alten Westberlin – deren Mitglieder hingegen lächelten nur ein wenig verächtlich über Frankfurt und seine »Polaken« (denn die »Frankfurter Juden« waren ja de facto Polen, Ungarn und Rumänen, während die »Russen« in diesen Frankfurter Kreisen meist fehlten. Angeblich waren die anderswo versteckt, vielleicht im Berliner Charlottenburg!). Und genau das Polakenhafte gefiel mir. Trotz Bürgertum, gepflegter Wohnungen und der guten Restaurants spürte ich hier einen Hauch des Dnepropetrowsker Marktes, des Basars mit seinen frontal und laut vorgetragenen Wahrheiten. Hier war ich meinem Dnepropetrowsk um einiges näher als im professoralen eingefrorenen Tübingen.

Meine Familie

Ein Grund also, warum ich mich in Frankfurt so wohl fühlte, war, dass ich dort das Milieu wiedertraf, in dem ich in Dnepropetrowsk aufgewachsen war. In Tübingen war davon überhaupt nichts zu spüren, und erst als mir auffiel, wie stark die Lebensart vieler Frankfurter Juden der meiner Eltern und unserer Freunde ähnelte, wurde mir klar, dass ich genau diese Lebensart in den vergangenen Jahren sehr vermisst hatte – ohne es mir wirklich bewusst zu machen. Um dies zu verdeutlichen, werde ich versuchen, meine Familie etwas genauer zu beschreiben.

Meine Mutter hat Chemie studiert und danach als Ingenieurin bei einer Firma gearbeitet, die sich mit Autotechnik befasste. Aus diesem Grund wollte sie, dass ich eines Tages Automechaniker werde. Nicht, um ein Proletarier zu sein, sondern um wie die anderen Automechaniker der späten Sowjetunion vernünftiges Geld zu verdienen. Das war zwar gut gemeint – auch die Frankfurter jüdisch-polnischen Eltern der Nachkriegszeit legten ihren Kindern nahe, etwas Anständiges zu lernen. Wer weiß, wie sich das Leben entwickeln wird, und Beruf ist Beruf, Lehre ist Lehre. Da ich aber mein Land, die UdSSR, im Umbruch verstehen und es dann auch ändern wollte, ganz wie die idealistischen jüdischen revolutionären Besucher des Frankfurter Club Voltaire in den Sechziger- und Siebzigerjahren, die Deutschland radikal verändern wollten, hatte ich mich für Geschichte entschieden. Meine Mutter sah dies kritisch: Brotlose Kunst, jetzt sei es Zeit, Geld zu verdienen! Das dachten wohl nicht wenige Frankfurter Immobilienmakler und Händler in der Siebzigerjahren auch, als sie ihre Kinder Marx und Freud lesen sahen. Andererseits: Der Textilienhändler Arno Lustiger wurde doch auch zum Historiker Arno Lustiger – er musste die tragischen Geschichten des 20. Jahrhunderts erzählen!

Meine Mutter las keinen Marx und keinen Freud, sie wurde auch keine Historikerin. Dafür hatte sie Geschäftsideen. Zum Beispiel den Handel mit gebrauchten Kleidern. Davon profitierte auch ich – allerdings nahm ich das damals anders wahr. Als ich zehn oder elf Jahre alt war, kaufte meine Mutter mir eine indische Latzhose, die ich abgrundtief hasste. Sie war gelb und sah so komisch aus, dass ich mich darin wie ein hässliches Känguru fühlte. Alle Kinder in unserem Hof in der Dnepropetrowsker Karl-Liebknecht-Straße 37 lachten mich aus. Ich hasste nicht nur die Hose, ich hasste auch meine Mutter, die sie mir gekauft hatte und mich nun zu tragen zwang.

Eine weitere ihrer Geschäftsideen war folgende: Wenn es in der in den späten Achtzigerjahren noch sowjetischen kasachischen Provinz, Tausende Kilometer von unserem Dnepropetrowsk entfernt, dunkel wurde, tauchten in den Dämmerungen zwei Figuren auf, meine Mutter und mein Vater. Sie klopften und klingelten an die Türen der Einzelhäuser und der Wohnungen in den Hochhäusern sowie der Institutswohnheime. »Haben Sie Porträtfotos von Ihren Verwandten oder Freunden? Falls ja, können wir sie bearbeiten und kolorieren.« Wenn jemand Interesse hatte, gab er meinen Eltern ein Bild mit, in der Regel ein Schwarzweißfoto, das sie wieder in die Ukraine mitnahmen, dort vergrößerten und auf rührende und kitschige Art kolorierten. Man kann auch sagen: Sie hübschten die graue Realität auf. Spätsozialistischer Photoshop in garantiert analoger Handarbeit. Danach packten meine Eltern die fertigen Porträts wieder ein und flogen über Tausende von Kilometern und viele Republiken der UdSSR zurück nach Kasachstan. Dort klopften sie an dieselben Türen, dieselben Menschen öffneten und bekamen die nun strahlend verschönerten Porträts ihrer Liebsten zurück. Meine Eltern verdienten dabei gut. Meine Mutter, die ihr ganzes Herzblut in dieses Projekt steckte, war zufrieden.

Meine Mutter besaß die Fähigkeit, Sachen und Ideen anzubieten und die Menschen davon zu überzeugen, dass sie genau das brauchen. Als die UdSSR 1991 »abdankte«, fuhren meine Eltern mit dem Nachtbus von Dnepropetrowsk nach Odessa. Dort, in Odessa, später auch an der ukrainischen Grenze im Polen der Vor-EU-Zeit, kauften meine Eltern furchtbare und weniger schreckliche türkische und chinesische Klamotten, die sie in den unvergesslichen, in der Frankfurter Ausstellung »Ausgerechnet Deutschland!« verewigten, chinesischen Plastiktaschen nach Hause und von dort auf den Markt in Dnepropetrowsk brachten.

Irgendjemand muss sie bespitzelt oder denunziert haben oder beides, jedenfalls klopfte es an einem Tag, an dem sie ein paar Hundert

US-Dollar zu Hause hatten, freundlich an der Tür. Als meine Mutter öffnete, standen mehrere maskierte Männer vor der Tür, schubsten sie in die Wohnung und wollten ihr Geld. In dieser Minute war das Leben meiner Mutter nichts wert. Sie gab ihnen all ihre Dollars, wurde geschlagen und holte die Polizei. Wenn man so will, dann verdankt meine Mutter diesem Überfall ihr Leben in Deutschland heute: Eine solche Szene wollte sie nicht noch mal durchmachen.

Was Swetlana Alexijewitsch mit ihrer gekonnt montierten *Secondhand-Zeit* beschrieben hat, hat meine Mutter erlebt: das Leben in der postsowjetischen Realität, in der Zeit des Umbruchs, auf der Suche nach dem richtigen Platz innerhalb der gewaltigen gesellschaftlichen Umwälzungen. Auch sie und mein Vater haben Dnepropetrowsk am Ende den Rücken gekehrt.

Mama fragte mich schon früher immer: »Warum bist du so arm, wenn du so klug bist?« An diese Frage musste ich in Frankfurt oft denken. Dort zählte die Frage »Wie und wo lebst du?« mindestens genau so viel wie in Tübingen die theologischen und philosophischen Fragen. M., ein Geschäftsmann, der wie meine Mutter »Schmottes«, also Klamotten, im großen Stil verkauft hat, besuchte uns einmal in unserer kleinen Dreizimmerwohnung, auf die wir so stolz waren: im Grünen, mit Balkon und aus unserer Sicht unglaublich teuer. »Süß«, sagte M., der eine Haushälfte im noblen Westend bewohnte, und meinte damit: »Niedlich«. Ich errötete vor Scham und dachte an Freunde meiner Eltern, die (heimlich – anders ging es in der UdSSR nicht) über ein Millionenvermögen verfügten. Als sie uns in unserer Dnepropetrowsker Einzimmerwohnung besuchten, äußerten sie sich ähnlich. Dnepropetrowsk und jüdisches Milieu in Frankfurt – in beiden gingen Geld und Geist zusammen und ineinander über.

Deutschland bekam meiner Mutter überhaupt nicht. Es ist ein Paradies, es ist schön, doch es ist auch ziemlich furchtbar und einsam im Paradies, wird sie nicht müde zu wiederholen. Wladimir

Putin mag sie überhaupt nicht, Frau Merkel dagegen sehr: »Eine starke, ruhige Frau«, sagt meine Mutter heute in Deutschland und ergänzt sofort: »Nur ist sie leider immer gleich und fast immer schlecht angezogen.«

Doch auch im Paradies gibt es Platz für ihre Geschäftsideen. Bis vor wenigen Jahren gab es an fast jeder Tankstelle Toiletten, für deren Benutzung man auf einem Tellerchen fünfzig Cent oder einen Euro liegenlassen konnte. Meine Mutter war eine der Frauen, denen diese Tellerchen gehörten. Meist saß mein kommunikativer Vater neben dem Tisch, lächelte, bedankte sich in einem akzentfreien Deutsch oder sagte: »Bitte sehr, meine Damen« – mehr Sprache war nicht drin, doch der freundliche Gruß zeigte Wirkung: Die Euros flossen in sein Tellerchen. Meine Mutter war währenddessen im Hintergrund aktiv und putzte. Atmete den furchtbaren Geruch nach Chemie und Fäkalien ein. Zwischendurch ging sie rauchen, frische Luft schnappen, einen Kaffee trinken. Übernachtet haben sie in einem Campingwagen, und um besser zur Ruhe zu kommen, hat meine Mutter dann meist eine Schlaftablette genommen.

Meine Mutter hat in Deutschland einen Gott der russisch-orthodoxen Kirche gefunden. Sie redet mit ihm sehr persönlich, wie mit dem polnischen Zöllner an der ukrainisch-polnischen Grenze in den frühen Neunzigerjahren, den sie »Pan« nannte, mein Herr. Meinen und unseren Weg zum Judentum hat sie angenommen und gratuliert kundig zu den jüdischen Feiertagen, wohl wissend, dass sie am Vorabend des eigentlichen Feiertages beginnen. Sie bittet ihren und unseren Gott, dass es uns gut geht – ihre Ansprachen sind immer sehr persönlich.

Meine Mutter ist eine Zigeunerin, keine Sinti und keine Roma – diese heute obligatorischen, politisch korrekten Wörter helfen hier überhaupt nicht. Gäbe es ein Zigeunerticket nach Deutschland, ein Nomadenticket für Lebensgenies, die nie ankommen konnten, wäre sie bestimmt auf diesem Ticket gekommen. Vielleicht nach Berlin, wo sie sich relativ wohl fühlt – in dieser chaotischen Stadt, in der immer was los ist. Sie würde ankommen – und bald weiterziehen.

Mein jüdischer Vater Jakob sah in seinen jungen Jahren, damals jünger als ich heute, wie ein schöner orthodoxer Priester aus. Ein Priester, der das Seminar oder die Kirche soeben verlassen und sich für ein Leben in der Stadt entschieden hat.

Meine Gespräche mit meinem Vater waren und sind lakonisch. Er redet nicht gern. Er benimmt und beherrscht sich, auch wenn das Leben mit meiner Mutter, deren Charakter einem zusätzlichen (fünften) Reaktor in Tschernobyl ähnelt, ihn keinesfalls ausgeglichener machte. Er ist der trinkfesteste Mann, den ich kenne, und trotzdem löst der Wodka irgendwann seine Zunge. So sagte er eines Abends zu mir: »Weißt du, ich glaube, Mama war schon immer und bleibt die richtige Frau für mich.« Das war einfach so dahingesagt. Und ich habe meinem Vater sofort geglaubt, auch wenn ich manchmal nachts in Dnepropetrowsk in unserer Einzimmerwohnung von ihm bittere, vorwurfsvolle Worte an meine Mutter gehört habe.

Seine Liebe ließ ihn ihr folgen – sie war und ist stärker, dynamischer, schneller und womöglich intelligenter als er. Er ist kultivierter, konzentrierter, freundlicher und ausgeglichener als sie. Er ist ein Jude, beschnitten, wie es sich gehört und wie meine Oma Bella es ein paar Mal stolz betonte. Er war sein ganzes Leben lang bereit, sein Judentum zu vergessen. Ihm war das egal, schließlich heiratete er meine nichtjüdische Mutter, hatte aber einen nahezu hundertprozentig jüdischen Freundeskreis, einfache Kameraden aus den Schulen und den naheliegenden Straßen in Dnepropetrowsk, eine seltsame jüdische Brigade von Männern, die irgendwas in irgendwelchen Kolchosen gebaut hatte. Eine Untergrundzunft in Dnepropetrowsk, in der mein Vater mit weiteren jüdischen Männern die (natürlich hässlichen, doch ich behalte liebevoll eins davon und trinke an den dunklen winterlichen Berliner Abenden einen Wodka oder einen Korn daraus) Wodkagläser produziert hatte, die in der Sowjetunion – wie fast alles dort – Defizitware waren.

Mein Vater mag Witze. Sie werden immer vulgärer. Wenn ich meine Eltern heute anrufe, laufen die Telefonate meistens nach dem gleichen Schema ab. Zunächst spreche ich mit meiner Mutter über dies und das, das heißt, wir sprechen »über das Leben«. Wenn das Gespräch über das Leben vorbei ist, sagt meine Mutter: »Papa will dir etwas erzählen«, und mein Vater übernimmt das Telefon. Dann erzählt er mir einen brutal-groben oder einen nett-vulgären Witz, den er aus dem Internet hat und in dem es um Politik oder Juden geht, vor allem aber um Sex. Ich lache sehr höflich. Verhalten. Er braucht das. Ich sage: »Der war aber klasse!«

Mein priesterlicher Vater wird bis heute geliebt und bewundert. Alle Frauen in ihrem Esslinger Freundeskreis beneiden meine Mutter – sie habe einen solch treuen und ergebenen Ehemann. Wie würde ich die beiden charakterisieren? Voll menschlicher Güte! Doch diese Güte wird immer weniger gebraucht und ist nicht sehr gefragt in unserem Germanija, das meine Eltern kaum wahrnimmt und das sie ihrerseits wenig registrieren.

Wenn ich heute zu meiner Tante Dina, die wie meine Eltern in Esslingen wohnt, »typisch Babuschka Bella« sage, freut sie sich. Meine Oma Bella lebt zwar seit zwanzig Jahren nicht mehr, doch ich kann sie sehen und hören, wenn ich mit meinem Vater telefoniere. Wie man von der deutschen Sozialhilfe in Deutschland leben kann, ist mir ein großes Rätsel. Ein viel größeres aber ist: Wie gelang es Dina, von der deutschen Sozialhilfe Geld zurückzulegen und zu sparen, damit sie dem Großneffen Mark ab und zu noch einen Schein zustecken konnte?

Die Antwort ist relativ einfach: Babuschkas Schule. Der sowjetische Staat ging nicht zimperlich mit den Geldern und Ersparnissen seiner Bürger um. Während der Perestrojka erfuhr man quasi über Nacht von der kommenden Geldreform, die aus Ersparnissen, die man über Jahrzehnte hinweg angesammelt hatte, ein absolutes Nichts machen sollte.

Meine Oma besaß damals einen einfachen, aber gut gepflegten, lackierten Kleiderschrank. Dieser hatte rechts eine Tür, die mit einem Schlüssel aufzumachen war, der immer drinsteckte. Hinter der Tür hingen Sachen. Zum Beispiel Hausröcke, die die Frauen in der Sowjetunion trugen und die sie auf seltsame Art orientalisierten. Breiter machten, wobei sie ohnehin breit waren – es gab keine Sportstudios, kein gesundes Essen. In einem solchen, leicht farblosen Rock gab es eine Tasche, in der Babuschka das Geld aufbewahrt hat. Eine Bank, die nur untergehen konnte, wenn das Land jenseits des Schranks unterging.

Das Land jenseits des Schranks ging tatsächlich bald unter. In der linken Schrankhälfte lag eine lederne Tasche. Sie stammte aus den Dreißigerjahren. Eine stalinistische Tasche also. Sie hatte drei oder vier Abteilungen. In der Mitte lagen schön gestaltete Papiere: Obligationen. Der sowjetische Staat ließ diese ihm wichtigen Papiere – die stalinistische wirtschaftliche PR – von den besten Künstlern gestalten. Avantgarde hin oder her, die Papiere signalisierten: Vertraut uns, wir haben euer Geld für den Aufbau der sowjetischen Industrie und Landwirtschaft hergenommen, dafür könnt ihr diese Wertpapiere haben, die wirklich was wert sind. Das waren sie natürlich längst nicht mehr.

Neben der Tasche im Schrank lag »das jüdische Buch«. Eine solide, positivistisch verfasste Geschichte der deutsch-jüdischen Literatur aus dem frühen 20. Jahrhundert, eine absolute Rarität. Wer weiß, wie und wozu dieses Buch in unseren Familienbesitz gekommen ist. Heute jedenfalls liegt es bei mir in Berlin.

Oma sprach ein literarisches Hochrussisch und dazu ein rudimentäres Jiddisch ihrer Kindheit und Jugend im weißrussischen Gomel. »A grejser Stick begejme«, hörten wir Oma sagen, wenn sie jemanden beschimpfen wollte: Ich erfuhr, dass »begejme« in Omas Jiddisch für »Behemot« und »Behemot« für eine Kuh stand; wörtlich also »ein Riesenstück Kuh«, auf gut deutsch: blöde Kuh! »Kish a ber under un vejdl«, sagte Oma Bella zur Begrüßung, was so viel hieß wie: »Küss den Bären unter dem Schwanz (also am Hintern)«. »In chulem« sagte Oma in Dnepropetrowsk, und Tante Dina wiederholte es in Esslingen. »Im Traum« bedeutete das, du kannst also ruhig davon träumen, aber mehr ist nicht drin. Der Traum von Josef aus meinen späteren deutschen Thora-Lektüren brachte mir dieses Oma-Wort zurück.

Mark, Omas Mann und mein Großvater, starb 1969, zwei Jahre vor meiner Geburt. Er wurde nicht alt und war, so erzählte man mir, ein maskuliner schweigsamer kahlköpfiger sowjetischer Jude, der seine komplette erste Familie in Weißrussland im Holocaust verloren hatte. Sie wurden, wie die meisten Juden der westlichen Gebiete der UdSSR, erschossen, gnadenlos und schnell. Oma, seine zweite Frau, war weitläufig mit ihm verwandt und hatte in der Evakuierung im sibirischen Orenburg überlebt.

Nach dem Krieg diente mein Opa Mark als Jurist bei der sowjetischen Militäradministration ein Jahr in Potsdam. Der erste Satz auf Deutsch, den ich lange vor meiner deutschen Zeit gehört habe, war: »Frau Belkin, Ihre Küche schmeckt gut«. So haben angeblich die deutschen Bekannten in Potsdam auf die Kochkünste meiner Oma reagiert. Das wurde oft erzählt und immer auf Deutsch. Ich glaube, so kam ich zum ersten Mal mit der Sprache meines künftigen Landes in Kontakt – bei Omas Bratkartoffeln.

Mit mir und Ljuda kam auch die unkomplizierte Beutekunst zurück nach Deutschland in Form von ein paar wunderbaren chinesischen Porzellantassen, die meine Oma und mein Opa damals auf dem Schwarzmarkt in Potsdam gegen Schokolade getauscht hatten. Die Tassen sind ein Erinnerungsstück – irgendwo in der Gegend um Potsdam lebten meine Oma und mein Opa, haben sich umarmt, vermutlich gestritten, sicherlich auf Jiddisch, und die hungernden Deutschen zum Essen eingeladen.

Meine Oma konnte großartig kochen. Sie verfügte zwar über ein bescheidenes Repertoire, viel mehr gab die armselige Epoche nicht her – es gab kaum passende Zutaten, doch das, was sie machte, war erstklassig. Nie *al dente*, immer weich, so war das kulinarische Verständnis der Epoche. Und diese geheimnisvolle Zubereitung! Das fetteste Stück Schweinefleisch ließ sie immer für drei oder vier Stunden im Wasser liegen, denn, so sagte sie: »So hat es immer meine Mutter gemacht.« Die Kaschrutregeln kamen hier auf eine sehr paradoxe Weise zum Ausdruck: Blut wird von Juden nicht verzehrt, auch wenn Antisemiten seit über einem Jahrtausend etwas anderes behaupten. Und damit das (Schweine!-)Fleisch das letzte darin enthaltene Blut abgibt, legt man es ins Wasser. Sowjetisch und koscher war das, jüdisch und zugleich furchtbar unjüdisch.

Meine schelmische, lustige, im Alter weinerlich gewordene Oma ist 1996 nach einigen Schlaganfällen in einem ziemlich schrecklichen Krankenhaus mit seinen gelb-grauen Bettdecken gestorben und liegt heute im jüdisch-nichtjüdischen Grenzbereich des Dnepropetrowsker Friedhofs, da es im jüdischen Teil neben meinem Opa keinen Platz mehr gab. Wäre sie mit nach Deutschland emigriert, hätte sie nach unserer deutschen Rechnung als »Überlebende« gegolten, genauso wie mein Großvater, der im Krieg gekämpft hatte und dessen Medaillen wir unserem Sohn Mark an jedem 9. Mai, dem Tag des Sieges, zeigen. Ihre sowjetisch-jüdische Realität hatte mit unserer deutsch-jüdischen Realität nicht mehr viel gemein. Doch ich arbeitete daran, das zu ändern.

Aber erst mal zurück nach Frankfurt. Einige der dortigen Juden und vor allem ihre Kinder lernte ich bald kennen. In diesen Familien gibt es meistens eine Oma oder einen Opa oder beide, die das Konzentrationslager überlebt hatten und zurück ins Leben kamen. Sie hatten keine Zeit zum Jammern, sondern machten einfach in einem Land, das sie zuvor gänzlich ausrotten wollte, ihre Geschäfte, und zwar recht erfolgreich, gespeist von ziemlich viel böser, manchmal krimineller Energie, die man aber auch schlichtweg als Überlebensenergie bezeichnen kann. Die jiddisch klingenden Anträge haben sie zunächst in ihrem eigenen Deutsch geschrieben, bis sie sich später die eloquentesten und teuersten Anwälte leisten konnten, die ihre Angelegenheiten in einem weltfremden, aber logisch-schönen Kafka-Deutsch erledigten, das die Feinde (und die Konkurrenz wurde nicht zimperlich angegangen) einschüchtern sollte.

Nach den Erfahrungen im KZ war es vielen von ihnen kaum möglich, ein normales Familienleben zu führen; die Gebildeteren gingen zu Kurt, unserem Krankenhaus-Freund mit dem jüdischen Liedchen, und den zahlreichen anderen Frankfurter Psychoanalytikern und Therapeuten – gefühlt die Hälfte aller Juden der Stadt wurde in den Siebzigerjahren Psychoanalytiker oder Sozialpädagoge. Die andere Hälfte war im Immobiliengeschäft tätig.

In Israel hatten sie eine Urlaubsheimat gefunden, manchmal auch eine Ferienwohnung gekauft, freilich ohne in dieser Heimat leben zu wollen, denn nach den KZs hatten sie genug durchgemacht an Gefahr und Bedrohung. »Die Araber wollen uns ins Meer stoßen«, sagten sie sich – sie waren schon einmal durch die Hölle gegangen, *you name it*, die ihre ganze Familie, ihre Liebsten, aufgefressen hatte, und wollten endlich in Sicherheit leben.

Sie handelten mit »Schmottes«, also Klamotten, mit Häusern und Grundstücken und trugen dazu bei, diese arrogante Gründerzeit in der fremden Stadt Frankfurt zu ruinieren – die Westend- und

Sachsenhausen-Villen, die sowieso kein Mensch mehr brauchte. Wozu auch? »Das weiß isch net«, sagte der eine oder andere Immobilienmakler aus dem Westend – inzwischen sprachen die »Polaken« ein breites Hessisch. Sie kamen einmal mehr an. Und sie lebten. Tranken ihren Kaffee in den niedlich-kleinen Kaffeehäusern der Stadt, standen in der immer schicker werdenden Westend-Synagoge oder saßen dort und quatschten ununterbrochen während der Gottesdienste, was man in Frankfurt »babbeln« nennt. Ihre Kinder und ihre Freunde brachten sie unter in den wenigen vorhandenen Positionen um das jüdische Leben der Stadt und des Landes herum.

Ich erlebte tatsächlich noch das Ende der Frankfurter Blütezeit des bundesrepublikanischen Judentums, die zuvor München abgelöst hatte und nun ihrerseits vor knapp zwanzig Jahren Platz machen musste für Berlin, obwohl man in der neuen Hauptstadt gar keine geschäftliche und soziale Ordnung mehr hinbekommen konnte. Alles kam plötzlich in Bewegung, wurde größer, aber auch disparater.

Denn in den Neunzigerjahren waren die Russen gekommen. Die sowjetischen Juden. Diese Horden. Mit ihren fürchterlichen, weil noch viel gnadenloseren Geschäftsmodellen, die sie im grauen Berlin verwirklichten. Dominik Grafs Fernsehserie *Im Angesicht des Verbrechens* versucht, diese Modelle aufzuzeigen, wenn auch in abgemilderter Form. Jurek Heuberger, der vom Jüdischen Museum in Frankfurt 2006 zur Jewish Claims Conference gewechselt war, wollte etwas über diese Russen und ihre jüdische Migration nach Deutschland erfahren. Mit mir hatte er seinen spannenden Russen in der Nähe, und so lag es nahe, dass ich irgendwann eine Ausstellung im Jüdischen Museum, das inzwischen von Raphael Gross geleitet wurde, mitkonzipieren sollte. Denn wenn ich mich neuerdings so jüdisch fühle, dachte ich, warum könnte man dann nicht ein solches Projekt über »uns Juden« aus der UdSSR realisieren?

Mein erster Liberaler

Doch zunächst brauchte ich etwas Boden unter meinen Frankfurter Füßen. Man könnte meinen, dass ich die deutsche Gesellschaft inzwischen einigermaßen begriffen hatte, aber immer wieder stieß ich auf Phänomene, die ich so noch nicht kennengelernt oder bisher missverstanden hatte. Jetzt war es der Liberalismus, der mich verwirrte.

Meine ersten bundesdeutschen Liberalen hatte ich in Tübingen gesehen, wenn ich aus dem Bus der Linie 5 schaute und Wahlplakate der FDP sah. Lauter Männer über fünfzig. Was denken sie über die Einwanderung? Was halten sie von uns Juden? Den Russen? Ich fürchte, nicht viel. Die liberalen Männer auf Tübingens Plakaten schwäbelten ab und an im lokalen TV oder Radio irgendwas über »Steuern runter« und die »Freiheit des Bürgers« – das blieb für mich gänzlich ohne Relevanz. Sie trugen Schnauzer und manchmal einen gepflegten Bart und wirkten für mich wie die Bewohner vom Mars – wie ich auf sie gewirkt hätte, hätten sie mich damals kennengelernt, kann ich mir gar nicht vorstellen.

Das alles – die Männer, ihre Fotos, ihr Schwäbisch, die Worte über den »Motor der deutschen Wirtschaft« – schien für die Ewigkeit gemacht. In der Ukraine und in Russland wurden die Neunzigerjahre ebenfalls als »liberal« bezeichnet, aber dort bedeutete der Begriff etwas komplett anderes.

Der Staat, die Säule des Sozialismus, war dort (ein Traum eines Liberalen?) schlicht nicht mehr existent. Die Preise wurden derart »liberalisiert«, dass Tausende verhungerten. Und starben – in ihren Wohnungen, die dann »privatisiert«, also liberalisiert, wurden, oder einfach auf der Straße. Die kleinen, größeren und riesigen Neureichen des Landes, die Oligarchen, nannten sich »liberal«, während die Omas, die die Sowjetunion aufgebaut hatten, in den Mülltonnen wühlten und nach Essbarem suchten.

Die neuen Machthaber gingen noch weiter: Sie kauften die Presse, die sie als »frei« bezeichneten, und teilten sie auf, zensierten die darin abgedruckten Meinungen und machten sie passend. Auch das passierte alles unter dem Namen »Liberalismus«. Der Volksmund reagierte prompt: Das Wort »Liberasten«, eine klare Anspielung auf »Päderasten«, verbreitete sich auf dem ganzen Territorium der Ex-UdSSR. Daraus, aus der Ablehnung des tödlichen und tötenden Liberalismus, ist letztlich die Putin-Epoche entstanden.

Und in meiner neuen Welt? Keiner aus meinem näheren Bekanntenkreis in Tübingen oder in Frankfurt wählte die FDP, zumindest gab es keiner zu (so wie ja auch keiner die Bild-Zeitung liest). Einzig ein HiWi, ein Hilfswissenschaftler, unseres Tübinger Instituts war damals bei den Jungen Liberalen: J.H. Er erschien meist in einem hellen Anzug, oft mit Krawatte, und hob sich damit deutlich ab von uns allen anderen, die eigentlich immer Jeans trugen. Als jemand Geburtstag hatte, überreichte J.H. galant und formvollendet den Blumenstrauß an den Jubilar, und sofort tönte es im Raum: »FDP-geschult«. Alle verstanden den Code und lachten laut: Sie machten sich lustig über dieses vermeintliche Spießertum, das vermeintlich Antiquierte, Unnötige darin, diese Bürgerlichkeit, die Pseudohöflichkeit. Und genau das warf man auch den jeweiligen Vorsitzenden dieser Partei vor, allen voran Guido Westerwelle. Ihn hasste man regelrecht in Deutschland und warf ihm völlig zu Unrecht Sozialdarwinismus vor, und als er, politisch gefallen, im Frühjahr 2016 viel zu früh an Krebs stirbt, lieben ihn plötzlich alle. Eine traurige Entwicklung!

Doch genauso traurig machte mich, dass ich mit dem offenen Antisemitismus der FDP konfrontiert wurde. Jürgen Möllemann, so populistisch, so deutsch-nationalistisch, so eifrig und unangenehm, griff die Juden frontal und sehr hässlich an. Es war diese idiotische Vermischung von Michel Friedman und Ariel Sharon (»Gefahr für den Frieden!«) in einem antisemitischen Flyer, die mich verletzte. Was, um alles in der Welt, hatte dies mit dem deutschen Wahlkampf zu tun? Mit den Liberalen?

Die *Bild*-Zeitung, »dieses faschistische Blatt«, wie meine Tübinger Kollegen es artikulierten, brachte 2002 eine Schlagzeile, die ich später ausgestellt habe: »Schaut her, ihr Möllemänner«, titelt das Blatt und zeigt ein furchtbares Bild: den während der Intifada getöteten israelischen Busfahrer. Ich habe dieses Bild zehn Jahre später zu einer der Ikonen meiner Ausstellung über Axel Springer und die Juden gemacht. Zu diesem Zeitpunkt lag der tödliche Fallschirmsprung Jürgen Möllemanns schon lange zurück. Eine merkwürdige Mischung; Auch Ignatz Bubis, der um hundert Jahre verspätete Staatsbürger jüdischen Glaubens, gehörte dieser Partei an; ansonsten verwiesen alle, mit denen ich mich darüber unterhielt, auf die FDP der sozial-liberalen Koalition in diesem Land und wählten inzwischen die Grünen.

Mit diesem Bild im Kopf lernte ich am Max-Planck-Institut für Rechtsgeschichte Stefan Ruppert kennen. Er war in meinem neuen deutschen Umfeld die erste bürgerliche aufgeklärte Erscheinung meines Alters und zugleich der erste Liberale, mit dem ich mich anfreundete. Stefan aß gut und gern, kannte sich bei Wein aus, was mich, aus einem Land mit zwei, vielleicht drei Weinsorten stammend, nicht neidisch, aber nachdenklich machte. Er kochte wunderbar und lud auch gern Freunde zum Essen ein. Mit seiner Frau lebte er in der hessischen Provinz, über die er sich oft lustig machte, genauso wie über sich selbst. Kurz: ein angenehmer, selbstironischer Zeitgenosse. Er erzählte von Bubis, seinem FDP-Erbe und der Frankfurter Lokalpolitik.

Stefan Ruppert verkörperte für mich alles, was ich in der Welt des Tübinger Osteuropa-Instituts vermisst hatte. Vor allem einen nicht zwanghaften Patriotismus und eine kluge Bodenständigkeit.

Er bezeichnete sein Land nicht als »Zoo«, er stand zur Geschichte Deutschlands, er war praktizierender Christ, der sich nicht in Form von Schabbat-Feiern in der evangelischen Kirche ans Judentum anbiederte und keine philosemitische Hysterie verbreitete. FDP-geschult? Mir war das völlig egal. Die Freundschaft mit Stefan gab mir tatsächlich noch etwas mehr Boden unter meinen wackeligen neudeutschen Füßen und erlaubte mir ein Anknüpfen an meine liberale Perestrojka-Jugend, die mich in den sogenannten »liberalen« Neunzigerjahren in der Ex-Sowjetunion so bitter enttäuscht hatte – in Germanija traf ich jemanden, der den Liberalismus politisch und persönlich überzeugend lebte. Mir half auch Rupperts Wörtchen »Ökonomisierung«, welches für die Notwendigkeit stand, auch die materiellen Faktoren des Lebens zu berücksichtigen. Denn diesen schenkte ich in meinem Leben bisher tatsächlich zu wenig Aufmerksamkeit. Eine Balance zwischen meinen idealistischen Interessen und der Notwendigkeit, diesen eine materielle Basis zu geben – dafür stand Stefan, und das wurde mir zunehmend wichtig.

Die Beschneidung

Immer drängender stellte sich mir die Frage nach dem Übertritt. Nach jüdischem Recht war ich kein Jude, denn meine Mutter war, wiederum nach jüdischem Recht, keine Jüdin. Was tun?

Eine meiner Reisen führte mich nach Ulm. Dort amtierte ein dreißigjähriger Lubawitscher Chassid, ein Abgesandter des letzten Lubawitscher Rebbe Menachem Mendl Schneerson. Er stand »seinen« siebenhundert Russen vor und sprach ein unverwechselbares hebräisch gefärbtes Deutsch. Ihm erzählte ich von meiner Situation und meinem Zögern hinsichtlich meiner religiösen Zukunft. Er hatte keine eindeutige Antwort, sondern empfahl mir nur, mich überhaupt zu entscheiden. Denn wenn ich in diesem ungewissen Zustand verbliebe, so seine Worte, dann würde ich am Ende meines Lebens zurückblicken und hätte sicherlich das Gefühl, etwas verpasst zu haben. Wörtlich übersetzt: »Dann kannst du denken, alles war umsonst.«

Ich verstand, was er meinte, denn ich empfand diesen Raum zwischen jüdisch und christlich, religiös und säkular, sowjetisch, russisch, ukrainisch und deutsch als irgendwie unbefriedigend. Eigentlich ging es uns allen gut, aber ich wusste, es wäre besser, zu handeln. Mir fiel dazu ein Gedicht ein, das mich tief beeindruckt hatte. Es stammt von dem sowjetisch-jüdischen Dichter Boris Sluzki, der über die »Halbjuden« schreibt, die er »die schwachen Brücken zwischen den Kontinenten« nennt. So fühlte auch ich mich: als jemand, der Welt verbindet, aber am Ende durchbricht, weil die Basis fehlt, die einen hält.

Schon früher hatte ich Kontakt mit Lubawitscher Chassiden gehabt. Sie waren 1989 in Dnepropetrowsk aufgetaucht und hatten meinen Freund Edik und mich zufällig in der damals winzigen Synagoge getroffen. Die Chassiden luden uns ein, sie in ihrem Hotelzimmer im einzig guten Hotel unserer Stadt zu besuchen. Wir kamen gerne mit. Das Dnepr-Ufer, unsere heilige Promenade, sah aus dem fünfzehnten Stock des Hotels klein und unbedeutend aus. Der KGB, der damals schon schwächelte, seine Augen aber immer noch fast überall hatte, hat unseren Besuch offenbar gefilmt. Die chassidischen Jungs sprachen lange mit uns und erklärten, ich wäre nicht jüdisch genug, ich müsste einen Giur, einen Übertritt, vollziehen, wenn ich dazugehören wollte. Ich zuckte zusammen vor Scham, weil ich mich irgendwie unvollständig fühlte. Sie boten uns koschere Wurst an, die trocken war und nach nichts schmeckte, blutleer im wahrsten Sinne des Wortes. Doch damals, in den hungrigen, spätsowjetischen Jahren, liebten wir die deutschen Fleischwaren, allen voran gute, fette Wurst. Und plötzlich war mir klar: Ich brauchte sie und ihre trockenen Würste nicht – also lehnte ich den Giur vorerst ab.

Doch jetzt war es Zeit, um zu handeln. Zudem war auch Ljuda inzwischen von unserem Schritt zum Judentum überzeugt und hatte zugleich die Nase entschieden voll von meinem Druck, meiner Unruhe und meiner Unentschiedenheit.

Nachdem ich in der *Jüdischen Allgemeinen* einen Artikel von Rabbiner Jona Sievers gelesen hatte, der darin sehr überzeugend, wie ich fand, ein traditionell orientiertes liberales Modell jüdischen Lebens vorgestellt hatte, schrieb ich ihm einen ausführlichen persönlichen Brief mit der Beschreibung unserer religiösen Situation und bat ihn um einen Gesprächstermin. Bald trafen wir uns in Frankfurt und unterhielten uns ausführlich. Er war ein sympathischer, ironischer Mensch unserer Generation, der Ljuda und mir gefiel. Passt – so unser beider Gedanke damals.

Dann überschlugen sich, wie so oft in meinem bisherigen Leben, nur diesmal viel lokaler, die religionspolitischen Ereignisse, was unsere Entscheidung weiter vorantrieb.

Der Zentralrat der Juden hatte in Deutschland bisher nur eine Rabbinerkonferenz unterhalten, nämlich die Orthodoxe Rabbinerkonferenz, die 2003 gegründet worden war. 2005, dem Jahr, in dem ich konvertieren wollte, konstituierte sich in Deutschland die Allgemeine Rabbinerkonferenz, in der ausschließlich nichtorthodoxe Rabbiner und Rabbinerinnen – also sämtliche liberalen, progressiven und reformierten Strömungen – vereinigt sind und die auch ein Beit Din, ein rabbinisches Gericht, unterhält. Damit wurde möglich, was bisher undenkbar war: Ljuda und ich konnten in Deutschland übertreten und sicher sein, dass uns auch die orthodox ausgerichtete Einheitsgemeinde in Frankfurt aufnehmen würde. Das war eine in der Öffentlichkeit kaum wahrgenommene, wichtige Veränderung in der Geschichte der Juden in Deutschland nach der Shoah. Die Orthodoxen und Liberalen mochten sich nach wie vor nicht wahnsinnig gerne, doch man erkannte sich gegenseitig an und traf sich immer öfter unter einem Dach einer Einheitsgemeinde – und nicht vor Gericht oder aufseiten der feindseligen Zeitungsartikel.

Die Liberalen fingen an, auch finanziell am Gemeindeleben zu partizipieren. Der Zentralrat der Juden in Deutschland (nicht der deutschen Juden, das ist bis heute so!) erkannte beide Rabbinerkonferenzen als gleichwertige Akteure an. Auch hier endete die Nachkriegszeit des deutschen Judentums – sehr langsam, aber sie endete.

Drei Monate nach unserem Gespräch mit dem Rabbiner war ich mit dem damals fünfjährigen Mark beim Einkaufen im Supermarkt, als mein altes Handy klingelte. Rabbiner Sievers war am Telefon. Mark meckerte, es war heiß und voll.

»Könnten Sie sich vorstellen, einen Termin beim Beit Din in drei Monaten wahrzunehmen?«

»Ja, das kann ich, danke.«

»Bis dahin müssen Sie und Ihr Sohn die Brit Mila, die Beschneidung, hinter sich bringen.«

»Ja, natürlich.« Als wäre das das Selbstverständlichste der Welt.

»Als Mohelin empfehle ich Ihnen Frau Dr. Deusel aus Bamberg. Sie ist auch eine Urologin, zuverlässig und gut.«

»Okay.«

»Einen schönen Abend noch.«

»Ihnen auch.«

Damit war die Sache entschieden, und die Vorbereitungen begannen. Für die Beschneidung reisten wir in die kleine bedrohlichschöne bayerische Stadt Bamberg, wo wir in einem dekadenten Altbauhotel unterkamen. Nieselregen. Meine Angst. Ljudas Sorge – wegen Mark. Seine ahnungslose Entspanntheit.

Um uns zu beruhigen, machten wir noch einen kleinen Ausflug und fuhren auf einen Berg. Überall um uns herum sah ich Kirchen mit Jesusfiguren. Beim Anblick des fünften Jesus entfuhr mir ein »Sorry, Bruder!« (Auch ich musste irgendwie meine Angst bekämpfen.) Doch Jesus schwieg; letztlich ist auch er beschnitten worden … Ljuda und ich lachten. Innerlich wurde ich langsam panisch und spürte wieder meine Zweifel aufkommen. War dieser Akt in unserer aufgeklärten Zeit, im 21. Jahrhundert, nicht hochgradig absurd? Die Gegner der Beschneidung in uns waren stark. Doch jetzt gab es kein Zurück mehr.

Mark kam im Krankenhaus als Erster dran und wurde beschnitten. Unser armes Kind litt, und wir Eltern litten mit. Er weinte, während wir weiterhin eine Beschneidungsdebatte führten. Aber dann siegte das »religiöse Mittelalter« in diesem unseren 21. Jahrhundert – und wir beide, Ljuda und ich, waren einer Meinung und fest entschlossen. Nach Mark kam ich dann in der urologischen Praxis von Frau Deusel unters Messer. Es tat weh, die Angst tat weh, aber die örtliche Betäubung wirkte, und meine Stimmung war gut. Frau Dr. Deusel, die inzwischen Rabbinerin ist, redete mit mir. Wir scherzten. Das war das paradoxeste Gespräch meines Lebens – in dieser Praxis, in dieser Stadt, bei dieser Operation mit diesem Zweck. Bis heute frage ich mich, ob das noch zu steigern wäre.

Die Beschneidung war für mich die Wiederherstellung von etwas, das auf furchtbare Art unterbrochen worden war. Nicht nur von den Nazis, nicht nur von den Sowjets, nicht nur vom 20. Jahrhundert. Es war der Lauf des Lebens, und jetzt war er wiederhergestellt. Er hatte mit der Liebe meines Vaters zu meiner Mutter begonnen und wurde mit Ljudas und meiner Heirat, mit unserer Emigration, mit Marks Geburt und mit diesem Akt wieder hergestellt. Den Rest werden wir sehen.

Bonnie. Die Belkins überall. Das darf nicht untergehen, »noch ein Belkin« ist geboren, sagte mein Vater. Ist doch wichtig, dass dieser Belkin jüdisch wird, insbesondere in Germanija, wo es nach dem Holocaust keine Juden mehr hätte geben dürfen.

Jüdischkeit

Heute sind fast alle irgendwie jüdisch in Deutschland, beziehungsweise wollen es insgeheim sein. Die wenigsten werden es tatsächlich. Es wird ihnen selten verziehen, den »Konvertiten«. Ich kann ohne Gewissensbisse zugeben, dass ich froh bin, dem bundesrepublikanischen Schuld-Club nicht angehören zu müssen, den man so einfach ja nicht verlassen kann. Das ist meine bleibende Distanz zu Germanija, dem Land, mit dem ich mich zu dieser Zeit immer stärker identifizierte.

Es gibt in der Tat eine »Jiddischkeit«, die für diese Menschen, die ihren Weg zum Judentum fanden, so nicht existiert. Aber existiert sie für »uns«, die wir mit jüdischem und antisemitischem Durcheinander in Berührung kamen und Rudimente von irgendwelchen Traditionen, Ausdrücken und Äußerlichkeiten in uns tragen? Ich glaube: ja. Die Jüdischkeit existiert. Die Jiddischkeit. Bin ich mit diesem Glauben rassistisch? Womöglich. Doch das will ich nicht weiter auseinandernehmen, ungern dekonstruieren. Dieser emotionale Kern und sein Bestehen sind mir einfach zu wichtig. Mich schützt das jüdische Dnepropetrowsk, ich »bin es« – dieses Wissen hilft, auch diese Illusion, denn wer weiß schon, was wir sind.

Dieser rettende Gedanke ist nicht hundertprozentig sauber – zum Beispiel meiner Frau gegenüber. Sie sorgte sich, dass ihr ihr eigenes Leben genommen wird, ihre einfachen, feinen Verwandten, die zum Teil Unmenschliches erlebt haben und alles andere sind, nur nicht Juden. Ihre Familie. Doch Ljuda solidarisierte sich mit mir und schafft es – bis heute – in einer aufrichtigen und nicht trivialen Art und Weise, mehrere Kulturen in sich zu vereinen. Ich zitierte für sie einen jüdischen Kollegen, der liebevoll über einen nichtjüdischen Kollegen sagte, dieser habe »nicht mit uns unter den Palmen gesessen«. Ljudas Antwort darauf: »Wenn du so redest, sitzt du selber auf der Palme, nicht unter dieser!« Sie hatte Recht – den anderen eine historisch und mental fehlende »Palme«, »Berg Sinai« oder was auch immer vorzuwerfen, ist unfair.

Das Rad der Geschichte und der Gefühle drehte sich, wir waren wieder mittendrin und sollten dabei bitte schön nicht untergehen.

Der Übertritt

»Studentim«. Ein hebräisches Wort für Studenten. Wir waren nun »Studentim« des Jüdischen. Wir lernten für den Termin beim rabbinischen Gericht in Berlin. Der Lernprozess, für den es im liberal-jüdischen Deutschland damals, zu Beginn des 21. Jahrhunderts, noch keine halbwegs systematisch ausgearbeiteten Literatur- und Themenempfehlungen gab, musste improvisiert werden.

»Das Judentum ist halt wie das Leben selbst«, höre ich oft. Mit Geschichte allein kommt man da nicht viel weiter, und mit der religiösen Praxis allein auch nicht, zumal diese Praxis diverse Kenntnisse über das »Warum« voraussetzt. Die Einbürgerung in Deutschland, bei der man uns nach gar nichts fragte, setzt konkrete Fakten über ein konkretes Land, sein politisches System und seine schwierige Geschichte voraus. Das Judentum entzieht sich diesem Katalog und strebt nach einem allumfassenden Weltkatalog – nicht mehr und nicht weniger: globale Geschichte einer globalen Religion.

Ein grenzenloses Grenzgebiet auf dem Weg zu Ihm. Oder zu Ihr. Oder zu sich selbst, was ich in unserem Fall eher vermuten würde. Leben, lernen und es sein (wollen) – das bleibt einem übrig.

Wir lasen Bücher und Artikel, die aus den Buchhandlungen und Antiquariaten Tübingens, Frankfurts, New Yorks und Jerusalems stammten, und bekamen von Bekannten einen englischsprachigen Themenkatalog für Übertrittswillige.

Wir lasen *Progressives Judentum* von Rabbiner Walter Homolka, eine sachliche, ruhige Einführung ins Judentum, das Leben darin und seine Lehre, mit der wir beide viel anfangen konnten. Uns imponierte, wie hier Religion durchaus traditionell, aber im Heute, in der Moderne angesiedelt, vorgestellt wurde.

Ich las ein weiteres Buch, das ich anders als andere Bücher meiner Frau nicht gab, ja, es ihr gar nicht erst zeigte: Zu orthodox, zu traditionell, zu männlich fand ich es. Jitzhak Zilber schreibt in seinem *Damit du ein Jude bleibst* über eine in ihrer Paradoxie und Härte kaum vorstellbare Odyssee eines religiösen Juden in der Sowjetunion. Sehr viele Zeilen darin sind denkbar einfach, selbstironisch und gleichzeitig so unendlich religiös. Ja, sagte ich mir, man muss es auch heute schaffen, wenn das Leben und die Familie nicht in Gefahr sind. Höchstens die Psyche – und die Reputation.

Dann war es so weit. Wir hatten unseren Termin in den historischen Räumen der Neuen Synagoge in der Berliner Oranienburger Straße. Die Synagoge mit der goldenen Kuppel, die man von weither sehen kann, blickt auf eine hundertfünfzigjährige, dramatische deutsch-deutsch-jüdische Geschichte zurück. Dort tagte das Rabbinatsgericht, Beit Din, das über Übertrittswillige wie uns entscheidet, die nach langer Vorbereitung zum Gespräch geladen werden.

Drei Belkins und drei Rabbiner waren anwesend. Die meisten Fragen an uns waren, abgesehen von der ewigen halachischen Frage, ob man zu Pessach Reis essen dürfe (die eine Schule sagt »ja«

und die andere »nein«, man kann es funktionierende Pluralität nennen, doch »nein« wird im aschkenasischen, also europäischen, Judentum, eher gesagt, also disziplinieren Sie sich bitte, Herr Belkin), eher persönlicher Natur.

Meine Antworten schienen die Rabbiner recht bald zu überzeugen, obwohl ich mich ganz offensichtlich in der jüdischen Materie nicht perfekt auskannte, doch vielleicht spielte meine Herkunft väterlicherseits doch eine Rolle – wer weiß es?

Dann wurde Ljuda folgende Frage gestellt: »Er ist der Löwe und Sie sind doch kein Schwanz dieses Löwen, sondern eine selbstständige Person. Erklären Sie uns bitte Ihre Motivation.« Das gelang Ljuda, auch wenn sie in ihrer Erklärung nicht sehr weit gelangte. Eigentlich wollte sie ihre eigenen Gedanken und Gefühlen erläutern, doch das Beit Din hatte auch noch andere Termine, und so kam es, dass nur der »Löwe« im Mittelpunkt stand. Die Rabbiner interessierten sich offenbar hauptsächlich für mich, nicht für sie – auch das war ein Krisenpunkt unseres Gesamtpakets namens »Übertritt«.

»Und du?«, fragten die Rabbiner Mark, der ja schon die jüdische Schule in Frankfurt besuchte. Mark brauchte keine rationale Argumentation, er sang einfach im Vorfeld des Festes ein Chanukka-Lied vor, und unser Termin beim Rabbinatsgericht endete mit einem gemeinsamen Singen der Rabbiner und der übertrittswilligen Familie aus den sowjetischen Ruinen mit ihrem sechsjährigen, in Tübingen geborenen Sohn.

Eine Familie, die auf den rekonstruierten, leicht vergoldeten Ruinen der deutsch-deutsch-jüdischen Geschichte nun jüdisch wurde. Der Vorsitzende des Beit Din, Rabbiner Henry Brandt, eine markante und starke Figur des deutschen liberalen Nachkriegsjudentums, hat uns unmissverständlich erklärt, der Übertritt finde ins Judentum statt, nicht in ein nichtorthodoxes Judentum. Anschließend gingen wir in die Mikwe, das rituelle Bad.

Die deutschen Mitkandidaten wurden stärker und länger als wir gequält. Wir »Russen« vervollständigen aus der Sicht des Beit Din nur irgendwelche Lücken in unseren krummen Biografien. Die Sowjets seien an allem Schuld, wir hingegen seien die Opfer des 20. Jahrhunderts. Was für ein Quatsch, finde ich, denn die Juden prägten doch die sowjetische Geschichte im Wesentlichen mit, aber so hieß es eben über uns und ein paar andere Russen, die mit uns übertreten wollten: »Ist so, sie hatten es schwer im sowjetischen System, jetzt sind sie so wunderbar willig.« Danke, Lenin, für diese Hilfe beim religiösen Übertritt!

Die Deutschen, die jüdisch werden wollten, waren dagegen ein »Problem« fürs Rabbinatsgericht. »Was suchen die hier mit ihren Schuldgefühlen, ihren Familiengeschichten und ihrem christlichen Philosemitismus?« Natürlich spricht kein Rabbiner das laut aus, aber ich vermute, dass viele so denken, auch in den jüdischen Gemeinden.

Damals gab es im Centrum Judaicum noch eine Kantine, betrieben von georgischen Juden, die sehr herzlich waren und mit uns russisch sprachen. Wir setzten uns nach unserer Zeremonie dorthin. Das Essen war kaum genießbar, machte aber satt. Fisch mit Tomatensoße, was für ein Horror, aber mich machte er an diesem Tag glücklich.

Danach fuhren wir im ICE nach Hause. Draußen regnete es, während wir im warmen und trockenen Bordrestaurant saßen und etwas tranken. Ein klares Happy End, könnte man denken. Ein Erfolg.

Die schönen Urkunden zu unserem Übertritt reichten wir bei der Verwaltung der jüdischen Gemeinde in Frankfurt ein. Die orthodox ausgerichtete Einheitsgemeinde – eine politisch kluge, jedenfalls sehr pragmatische, auf jeglichen Irrationalismus verzichtende Bubis-Gemeinde –, die bisher nur neue Mitglieder aufgenommen hatte, wenn sie bei einem orthodoxen Rabbiner übergetreten waren, entschloss sich für die Aufnahme unserer Familie, obwohl wir vor der Allgemeinen Rabbinerkonferenz übergetreten waren. Wir waren ein Präzedenzfall, der zeigte, dass die Gemeinde sich langsam öffnete.

»Von wo denn nach wo?«, diese Frage stellte angeblich ein leitender Mitarbeiter der Gemeinde als Reaktion auf die Anträge einer Familie, die ähnlich wie wir übergetreten war und nun in die Gemeinde aufgenommen werden wollte. Von wo denn nach wo traten wir über? Ich mochte die Frage und stellte sie auch mir, denn sie enthielt für mich auch die Quintessenz meiner bisherigen Emigration, meines Lebens in Deutschland.

Auf die Frage, wann unsere Mitgliedschaft genau beginne, antwortete die zuständige Mitarbeiterin: »Wenn die Gemeindezeitung in Ihrem Briefkasten liegt.«

So geschah es dann auch. Ich war am Ziel. Und mein Familienleben war gänzlich im Eimer.

Familie in der Krise

Ljudas Ärger über die Ignoranz der Rabbiner war eigentlich nur die Spitze des Eisbergs. Zwar stand sie in der Entscheidung, wie gesagt, hinter mir, ja, teilte sie und trug sie mit, auch was unseren Sohn Mark betraf. Doch in unserem Übertritt kulminierte tatsächlich ein schwelender Konflikt, an dessen Nerv die Rabbiner, vermutlich ohne es zu wissen, zielsicher gerührt hatten: In den vergangenen Jahren war unser Leben immer nur von meinen Lebensentscheidungen geprägt gewesen. Angefangen bei der Emigration, über unseren Freundeskreis und unsere diversen Wohnorte in Deutschland bis hin zur Wahl der Religion – bei all dem richtete sie sich nach mir, und ich mich nie nach ihr.

Um es kurz zu machen: Ljuda und ich hatten eine schwere Krise. Ihr ging es nicht sehr gut; sie fühlte sich in Deutschland immer noch nicht so recht heimisch und warf mir vor, sie nicht ausreichend zu unterstützen. Sie zog sich zurück, entfernte sich immer stärker von mir und fand eigene Freunde, vor allem im Internet, dessen soziale Netzwerke uns gläsern machen. Und plötzlich war ich es, der sich ausgeschlossen und zurückgewiesen fühlte.

Deutsch und europäisch zu werden im 21. Jahrhundert, das merkte ich spätestens jetzt, hieß auch, Beziehungsprobleme nicht auf die Macho-Art zu lösen, wie ich es aus der Sowjetunion kannte – mit viel Alkohol, Streit und Aggression –, sondern durch Gespräche, Geduld, Toleranz und Verständnis. Ich merkte, wie wichtig mir meine Familie war und dass ich ohne Ljuda und Mark auf keinen Fall leben konnte. Und irgendwie gelang es uns, wieder aufeinander zuzugehen, das Gespräch zu suchen, zueinander zu stehen – und zusammenzubleiben.

Der Schritt zu uns erwies sich als wesentlich wichtiger als der Schritt zum Judentum, der mir in den letzten Jahren elementar erschienen war. Ich hoffe, das Judentum wird diese Tatsache mit empathischem Verständnis zur Kenntnis nehmen, zumal beides irgendwie zusammenhängt und das Judentum die Familie stark favorisiert.

Amerikanische Europäer

»Amerike is groys«, besagt ein jiddisches Bonmot aus dem frühen 20. Jahrhundert – ein riesiges Wunderland, ein Land der Hoffnung, die Pogrome hinter sich zu lassen und viel, sehr viel zu erreichen – Amerika ist groß! »Erika, Erika, komm mit nach Amerika«, heißt es in einem deutsch-jüdischen Lied, was im Prinzip das Gleiche suggeriert. Die Amerikaner, diese Mythoskreierer! Auch mich hatte ein Traum erwischt, der amerikanische Traum: die Vorstellung von Freiheit, von einem entspannten akademischen Leben, einer lebendigen Wissenschaft, die sich für Ideen und für die Menschen dahinter interessiert. Wir wollten sehen, was dahintersteckt, und weil ich meinen Postdoc gerne im Ausland machen wollte, bewarb ich mich an einigen amerikanischen Universitäten: mit Erfolg, sodass wir uns 2007 nach New York aufmachen konnten.

Doch bevor es losging, tauchte noch für einige Monate ein 28-jähriger Amerikaner in meinem Frankfurter Leben auf. Moshe, ein New Yorker, ein Lubawitscher Chassid, der in eine kleine Jeschiwa, eine jüdische Hochschule, in Frankfurt ging. Diese besuchte ich nun morgens ab und zu, bevor ich danach zum Arbeiten aufbrach. Zunächst das religiöse Mittelalter – dann die bürgerliche, weltliche Postmoderne.

Wir lasen Talmudtraktate und diskutierten mehr schlecht als recht auf Englisch, Hebräisch und Aramäisch. Moshe war klug und geduldig, die Bezeichnung »religiöser Fanatiker«, die man den Lubawitschern nicht selten zuschreibt, passte gar nicht zu ihm. Zwar war mir seine Lebensweise irgendwie fremd – er war einfach nur zum Beten und Lernen in der Talmudschule –, doch ich hatte auch einen großen Respekt vor seiner Intelligenz. Moshe besorgte mir preiswert die Tefillin, Gebetsriemen, die ich noch von meiner ersten Begegnung mit den Lubawitscher Chassiden kannte, 1989 im Hotel in Dnepropetrowsk. »Du wirst sie wirklich jeden Tag anlegen, okay?«, vergewisserte sich Moshe. Ich versprach es ihm und halte mein Versprechen bis heute.

Am Ende jeder Unterrichtsstunde sagten mein junger Lehrer und ich gemeinsam: »*I want Moshiah* (also den Messias) *now*.« Während ich den Satz sprach, war ich immer hin- und hergerissen: Nach der Stunde musste ich weiter, ins Büro, ins Café, zu meiner Familie. Was, wenn der Messias jetzt gleich käme – würde er dann nicht meine ganzen Pläne für den Tag durcheinanderbringen?

Moshe kehrte bald darauf wieder nach New York zurück, von wo aus er weiter in die große Welt geschickt wurde: ein bewusster Soldat des Herrn. Ich lernte viel von ihm, doch seine Welt war nicht meine. Nach unseren gemeinsamen Talmudrunden in Frankfurt haben wir uns nie wiedergesehen, aber seine Religiosität hat in mir einen tiefen Eindruck hinterlassen. Allerdings ist mein Judentum ein viel liberaleres und in jedem Fall ein egalitäreres.

Unsere Abreise verlief problemlos und zeigte wieder mal, mit welcher Selbstverständlichkeit wir inzwischen unsere deutschen Pässe benutzen konnten. Kein Problem mit dem Visum, keine lange Schlange bei der Ausreise, kein Zähneklappern bei der Einreise.

Die Wohnungsfrage hatten wir schon von Frankfurt aus geklärt und bereits dort den Schlüssel in Empfang genommen (auch das ein Zeichen unserer Deutschwerdung – perfekte Organisation). Für uns war dieser Schlüsselbund also mehr wert als bares Geld: Das Remarque Institute für europäische Geschichte an der NYU, genannt nach einem der Lieblingsschriftsteller meiner Kindheit – alle seine Werke sind ins Russische übersetzt worden, in Deutschland scheint ihn kaum jemand außer Marcel Reich-Ranicki zu mögen – bot mir zwar kein Gehalt, stellte uns aber diese Wohnung am Washington Square, einer ansonsten unbezahlbaren Gegend in Manhattan, zur Verfügung.

Als wir, mal wieder mit unseren karierten chinesischen Taschen bepackt, ankamen, versuchten wir die Tür zu öffnen – vergeblich. Doch sofort machten wir unsere erste Erfahrung mit dem unverwechselbaren amerikanischen Pragmatismus: Die Nachbartür öffnete sich, und eine resolute Dame, die offenbar nicht mehr ganz nüchtern war, kam herüber. Sie untersuchte die Tür und schaffte es, das Schloss innerhalb von drei Sekunden zu öffnen. »Welcome to the United States of America!«, sagte sie und verabschiedet sich diskret.

Was in den kommenden Monaten folgte, war erst mal eine Wiederholung der Fremdheitserfahrung: Nun waren wir nicht mehr die Russen in Deutschland, sondern Deutsche in den USA. Wieder machten wir Dinge anders als die Einheimischen, nur mit dem Unterschied, dass keiner darauf achtete: Wir sahen anders aus, wir kauften anders ein, wir aßen andere Dinge. Das hatte allerdings, wie sich bald herausstellte, auch damit zu tun, dass die 25-jährigen Bewohner unseres Viertels hauptsächlich aus Studenten bestanden, deren Eltern 25 000 bis 30 000 Dollar pro Semester für das Studium ihres geschätzten Nachwuchses zahlten, während wir schon ein paar Jahre älter waren und mit einem winzigen Stipendium zu dritt über die Runden kommen mussten. Egal: Alle waren locker und freundlich und sprachen diese verdammt schwere, so leicht wirkende Sprache.

Wer sich jedoch überhaupt nicht schwer tat mit dieser Sprache, war Mark. Er bekam eine betreuende Lehrerin, die mit ihm übte, sodass der Siebenjährige binnen weniger Monate praktisch ein New Yorker Kind wurde. Genau wie bei vielen anderen um ihn herum, gab es in seiner Familie eine Einwanderungsgeschichte – in seinem Fall sogar eine doppelte. Überhaupt: Einwanderung. »Und wann gehen Sie wieder zurück« – das fragte hier keiner. Erst ging ich noch davon aus, dass die Abwesenheit dieser Frage auch und nicht zuletzt ein Zeichen des Desinteresses war, bis mir irgendwann klar wurde, dass die mögliche Antwort darauf hier einfach nicht so wichtig war. Stattdessen ging es um den Erfolg jetzt. Ich merkte, dass dieses Land offen war für Erfolge und Katastrophen; es würde uns nicht diskriminieren. Es kam allerdings auch nicht zu uns, außer in Form der furchtbaren amerikanischen Bürokratie und des Fiskus, der Steuerbehörde. Ansonsten konnte jeder mehr oder weniger sein Ding machen und seine Geschäfte erledigen. Die alte Welt, Europa, wirkte von hier aus sehr, sehr weit entfernt – und zwar in jeder Hinsicht.

Ich konnte Europa allein deshalb nicht vergessen, weil ich mit Tony Judt einen waschechten Europäer und Macher an der Spitze einer europäisch ausgerichteten amerikanischen Institution als Gastgeber hatte. Judt war in der jüdischen Welt sehr umstritten. Er war der am stärksten jüdisch fühlende Jude, den ich bisher getroffen hatte, zugleich kritisierte er die israelische Politik und die amerikanischen jüdischen Institutionen, die diese mittrugen, heftig. Einen Tick zu heftig, leicht krankhaft und auf jeden Fall tief gekränkt – darüber habe ich mehrmals in der deutschen Presse gelesen. Für die meisten der New Yorker Juden wie Tony Judt gab es keine Gemeinden, keine Übertritte, keine jüdischen Schulen, keine Nazi-Opas und keine Wohnheime für Kontingentflüchtlinge nach Gesprächen in irgendeiner Botschaft. In den Sechzigerjahren wurden sie zwar noch diskriminiert, wie beispielsweise in Harvard, wo es Quoten für Juden gab. Die Emigration ihrer Eltern nach den Pogromen in Russland lag nur ein Jahrhundert zurück. Doch diese hundert Jahre waren eine lange Zeit. Mal sehen, wie Deutschland Ende des 21. Jahrhunderts aussehen wird.

»Mr. Belkin, how hard is it as a Jew in Germany?«

Mein zweiter Geldgeber in New York war das YIVO-Institut, das die Kultur und Geschichte der osteuropäischen Juden und ihrer Auswanderung in die USA erforscht. Eine Bedingung für das Stipendium lautete, am Ende des Forschungsaufenthaltes einen Vortrag über die Ergebnisse zu halten – vor der versammelten Direktion und den Sponsoren des Instituts, damit diese sich über die Früchte freuen konnten, die ihre Investitionen brachten.

Eine gute, gerechte Sache. Ich trug also ein Referat über die jüdischen Rechtsanwälte im späten Zarenreich und in der frühen Sowjetunion vor, ein, wie ich fand, spannendes und komplexes Gebiet, das die jüdische, oft traditionelle Erziehung und den Umgang mit dem Gesetz als Thema in einer der religiösen Schulen des ausgehenden Russischen Reichs umfasst. Dann das Ausbrechen der Revolution, die Emanzipation der Juden, zugleich das Ende der Religion, auch der jüdischen, die von den Vertretern der Evsektsija, der jüdischen Sektion der kommunistischen Partei, leidenschaftlich bekämpft wurde – man wollte sich bei den eigenen Geistlichen für die unglaubliche Enge des jüdischen Ansiedlungsgebiets im Reich rächen.

All das und mehr erzählte ich meinen vornehmlich älteren Zuhörern und stellte ihnen stolz meine im hervorragenden YIVO-Archiv gefundenen Quellen vor. Sie hörten interessiert zu. Nicken, Kopfschütteln – ein dramatisches und leicht paradoxes Thema. Im Anschluss, wie immer, Zeit für Fragen und eine Diskussion. Als Erster meldete sich ein Herr aus dem Direktorenboard, der sich – auch das ein angenehmer Unterschied zu deutschen Sitten – zunächst einmal für den interessanten Vortrag bedankte. Und dann: »Mr. Belkin, I have actually just one question: HOW hard is it for you as a Jew in Germany?« Hatte ich richtig gehört? Den alten Herren interessierten nicht die Juristenbiografien der frühsowjetischen Umbruchzeit, nicht die revolutionäre Gesetzlichkeit. Sie interessierten ihn womöglich auch, doch viel wichtiger war für ihn zu wissen: Wie schwierig ist es für mich als Jude, in Deutschland zu leben? Dass es schwierig ist, bezweifelte er keine Sekunde. Er wollte lediglich wissen: WIE schwierig ist es denn tatsächlich, in diesem Land des Holocaust?

»Germany of all places!« Ich war immer davon ausgegangen, dass diese Haltung überholt war – nie wieder Juden in Deutschland, verfluchte Erde, ein ewiges Naziland. Doch offenbar war diese Denkweise noch immer aktuell, weil die Traumata und Wunden nicht verschwunden waren und weil die Menschen, die diese Verletzungen in sich tragen, noch lebten. Während dieser Sitzung, mit ihrem Publikum aus vornehmlich aus Osteuropa stammenden, meist nicht mehr ganz jungen New Yorker Juden, wurde der Titel meiner künftigen Frankfurter Ausstellung geboren: »Ausgerechnet Deutschland! Jüdisch-russische Einwanderung in die Bundesrepublik«.

Ein weiteres Mal wurde ich in Amerika mit diesem Thema konfrontiert. Diesmal ging es um den angeblich nationalen Charakter der Deutschen. Ein koreanischstämmiger eleganter Geschäftsmann aus Manhattan, in dessen Loft wir einige Male feierten, erzählte von seinen Geschäftsreisen nach Köln. So habe ihn einmal ein Kölner Taxifahrer mit Migrationshintergrund gefahren, mit dem er sich unterhalten habe. Es ging um die Deutschen. »Sie quälen sich selber«, sagte der Fahrer, »dann werden sie unglücklich, quälen die anderen und werden noch unglücklicher. Was willst du als Deutscher auch anderes machen?« Der Koreaner erzählte uns diese Geschichte mit einer gewissen Befriedigung in der Stimme; er konnte nur schwer verstehen, wie man mit einem solchen Selbstverständnis überhaupt leben kann.

»Eine Tragödie in der Brust der deutschen Intellektuellen« – so hatte ein anderer New Yorker Gesprächspartner, auch er russischer Jude, diese deutsche Befindlichkeit genannt. Immer wenn man sich mit ihnen unterhalte, sei alles locker und entspannt, bis man schließlich auf ein Thema komme: den Holocaust. Dann ändere sich die Stimmung schlagartig und werde ernst und tragisch. Und plötzlich, so mein Gesprächspartner, würde er sich neben den Deutschen klein und unbedeutend fühlen.

Doch um auf die Frage zurückzukommen, die man mir im YIVO-Institut stellte: »How hard is it for you as a Jew in Germany?« Als Jude und einfach so. Es war nicht einfach – in der Tat. Ich war hin- und hergerissen zwischen meinem Wunsch nach Ehrlichkeit auf der einen und der obligatorischen Diplomatie auf der anderen Seite. Der ältere Herr, der mich gefragt hatte, gehörte ja letztlich zu denen, die mir mein Stipendium gegeben hatten. Doch ich musste zugeben: Ich hatte nicht ansatzweise das Gefühl, dass ich im »Land der Vernichtung« gequält werde; noch hatte ich das Gefühl, ich sei in Deutschland von Ex-Nazis umgeben gewesen und müsste nun noch weitere zwanzig Jahre warten, bis endlich eine neue, junge Generation heranwüchse, die anders ist. Die junge Generation war schon längst da, und die Deutschen steckten mittendrin in der Aufarbeitung – womit wir wieder in der oben angesprochenen Tragödie in der Brust der deutschen Intellektuellen wären ...

Kurzum: Ich versuchte, so umsichtig wie möglich zu antworten, und beschrieb meinen Blick auf Deutschland, vor dem Hintergrund meiner Erfahrungen in der Sowjetunion. Das Leben dort hatte mich gelehrt, im Heute überleben zu müssen. Und dieses Heute bestand und besteht aus großartigen und entsetzlichen Menschen, aus Liebe und Mitgefühl, die gleich neben totaler Ablehnung und den blödesten (auch antisemitischen) Vorurteilen wohnen. Ja, manchmal stecken diese Gefühle sogar im selben Kopf, und damit müssen wir umgehen. Mit so viel Toleranz hatte der Fragesteller nicht gerechnet.

Doch was den älteren Herren – und mich am allermeisten – noch mehr überrascht, ist – o Schreck! – die Tatsache, dass ich wieder dorthin zurückwollte, zurück nach Germanija. Ich begann mich in

Amerika immer deutscher zu fühlen; Fremdenfeindlichkeit und Antisemitismus in Deutschland machten mir keine Angst mehr. Um dies festzustellen, hatte ich die amerikanische Erfahrung gebraucht, die mich gelehrt hatte, wie wichtig es ist, an die eigenen Ziele zu glauben, sie zu verfolgen und sich von anderen nicht davon abhalten zu lassen. Bleibe du selbst, lass den anderen ihren Raum und handle bewusst – dieses amerikanische Motto half mir später auch in Deutschland. Mein deutscher Boden unter den Füßen wurde immer fester, aber ich musste nicht nur auf ihm stehen, sondern eben auch zu ihm: Wenn Vorurteile über Deutsche verbreitet wurden, dann war auch der Deutsche in mir angesprochen, der dieses Land vor ungerechten Verallgemeinerungen in Schutz nehmen musste.

V.
DEUTSCHES JUDENTUM 2.0

Frankfurt – Berlin

Meine Ausstellungen

Das Leben gab mir mit der Frankfurter Ausstellung »Ausgerechnet Deutschland! Jüdisch-russische Einwanderung in die Bundesrepublik« Gelegenheit, meinen eigenen Weg zu reflektieren und die Geschichten, die dahinterstehen, auch der Öffentlichkeit zu präsentieren. Zugleich kennzeichnete die Arbeit an dieser Ausstellung auch das Ende meiner rein akademischen Beschäftigung mit jüdischer Geschichte. Ich freute mich darüber, endlich aus dem Elfenbeinturm der Wissenschaft heraustreten zu können und ein breiteres Publikum mit Ideen, Objekten, Bildern und Texten zu erreichen.

So gelang es uns, den Blick der Öffentlichkeit und der Presse auf die russisch-jüdische Einwanderung und den Kontakt beziehungsweise den nicht vorhandenen Kontakt zwischen den Einwanderern und Deutschland zu richten. Helmut Kohl und Michail Gorbatschow verfassten Grußworte zum Ausstellungskatalog, in der Paulskirche fand die Eröffnung mit siebenhundert Gästen statt, darunter der damalige und heutige Innenminister Thomas de Maizière. Mit dabei war auch der eingangs erwähnte Kurt Schatz, der einst bei der Botschaft die Anträge entgegennahm, die Auswanderungswilligen interviewte und dann über ihr Schicksal entschied. Dan Diner hatte bereits im Vorfeld dieser Ausstellung auf einer Konferenz über das Ende des bundesrepublikanischen Judentums gesprochen, das durch diese, unsere Einwanderung ausgelöst worden sei. Mit dieser dramatischen Aussage zeigte er, wie stark sich das jüdische Leben in Deutschland innerhalb der vergangenen zwanzig Jahre verändert hatte.

Dabei waren Wladimir Kaminer und seine ironischen Geschichten aus den Neunzigerjahren. Mit dabei auch viele russisch-jüdische Ex-Wohnheimbewohner aus diversen Städten und Dörfern, deren Biografien wir erzählten und die einige Gegenstände zeigten, die sie mit nach Deutschland gebracht hatten. Ich freute mich über ihr Vertrauen in die Art und Weise, in der ich ihre und unsere so wertvollen Geschichten und Erinnerungen dokumentieren und der Öffentlichkeit präsentieren würde. Den Deutschen zeigen, wie wir sind und welche Verdienste wir haben! Unsere Geschichte im Museum ausstellen! So lautete der Tenor zahlreicher Zuschriften von »Mit-Russen«, die ich in jenen Monaten erhielt. Ja, ich glaube, die Ausstellung wurde zu einer Brücke zwischen den auf den ersten Blick nicht kompatiblen Welten Deutschlands und der russisch-jüdischen Einwanderer.

In diesem Deutschland, das seine Juden ausgerottet und verbannt hatte, sollte es plötzlich ein »neues deutsches Judentum« geben, das ich in der Ausstellung provokant und selbstbewusst »deutsches Judentum 2.0« genannt hatte? »Völlig unmöglich«, sagten Cilly Kugelmann und Micha Brumlik, die bisher neben Dan Diner zu den wichtigsten intellektuellen Stimmen des bundesrepublikanischen Judentums zählten. »Wir sind doch gar keine Deutschen«, »alles Mögliche, nur nicht das«, »was haben wir schon mit diesen Deutschen gemeinsam«, »kein Weg als Jude und Deutscher« und so weiter – so redeten sie. Diese Positionen nahm und nehme ich ernst, aber ich denke und fühle anders. Das Recht, dieses Andersdenken zu artikulieren, musste erkämpft werden. Ein intergenerationelles Problem im deutschen Judentum – gewiss spannend für den Historiker, nicht so einfach für den Zeitgenossen.

»Was seid ihr denn sonst?«, wollte ich die deutsch-jüdischen Intellektuellen fragen und fragte sie auch. Die Antworten waren nie konkret, eher reflexartig – nie, nie, nie würde sich ein Jude mit diesem Land identifizieren. Möglicherweise existierte ein kleiner Verfassungspatriotismus auf der Ebene eines Personalausweises und des Wahlrechts, mehr aber nicht! Denkt doch an die Nazis und ihre Kinder und Enkelkinder! Denkt doch an den latenten Antisemitismus in Deutschland! Denkt doch an die nationalistischen Rudimente des Faschismus in Deutschland! Denkt doch an diese Vorurteile gegenüber dem Fremden – und den Fremden!

»Seid ihr, sind wir alle nicht gelegentlich auch Träger dieser Vorurteile?«, fragte ich meine Freunde vorsichtig. Leben wir nicht alle ein normales deutsches Leben in Deutschland? Gehen wir mit diesen angeblichen permanenten »Problemfällen« nicht auch ins Bett, schließen wir mit ihnen nicht auch enge Freundschaften? Hat diese Trennung – »die Deutschen und wir« – nicht eher etwas Künstliches und Dauerneurotisches? Sollen wir das weiterhin so stilisiert darstellen und, vor allem, weiterhin so leben?

Während der Diskussionen zur Ausstellung habe ich ein differenzierteres Hören gelernt und realisiert, dass ein innerjüdischer Diskurs über Deutschland zu den gefährlichsten Minenfeldern meines bisherigen intellektuellen und politischen Lebens in Germanija gehörte. Ich selbst war wahrscheinlich am meisten überrascht darüber, dass ich nun plötzlich in der Situation war, in der ich Deutschland gegen Vorwürfe verteidigen würde – vor wenigen Jahren wäre das in meiner Vorstellung noch undenkbar gewesen. Doch es war mir inzwischen so wichtig, eine einigermaßen sachliche Diskussion über »Juden und Deutsche« führen zu können, statt immer wieder nur zu hören: »Nie wieder Deutschland!«. Dabei wollte ich gar nicht Deutschland verteidigen, sondern die Gegenwart verteidigen – und musste doch einsehen, dass andere diese Gegenwart anders empfanden. Ihre Wahrnehmung der Gegenwart war geprägt von den Holocausterfahrungen ihrer Eltern und von der ganzen Wucht ihrer Lebens- und Familiengeschichten im Frankfurt der Fünfziger- und Sechzigerjahre. Deshalb hieß es: Kein »deutsches Judentum 2.0«, überhaupt kein deutsches Judentum mehr – höchstens die Juden in Deutschland, ein fragiles Provisorium, so wie der Zentralrat heißt: der Zentralrat der Juden in Deutschland, auf keinen Fall der »deutschen Juden«!

Offenbar erreichte die Ausstellung nicht nur Juden, sondern auch viele Nichtjuden – und das war von uns, den Ausstellungsmachern, ja auch beabsichtigt. Ralf Kürsten, der aus der Generation meiner Eltern stammte und mir während meiner letzten Frankfurter Jahre zu einer wichtigen Bezugsperson und einem engen Freund wurde, sagte mir bei einem gemeinsamen Kaffee: »Weißt du, du hast mich befreit. Mir nicht das Schuldgefühl genommen, aber die Angst, über die Juden (und mit den Juden) zu sprechen. Ich kann mit dir reden und bei deiner Ausstellung auch lachen, lernen, nachdenken, einverstanden oder polemisch sein – aber ich muss nicht gleich pietätvoll erstarren.«

Über diese Worte freute ich mich sehr, denn ich merkte, wie stark auch auf der anderen Seite etwas in Gang gekommen war. Wir konnten jetzt über Deutschland reden, und sie konnten über das Judentum sprechen. Wir konnten gemeinsam auf Entdeckungsreise gehen, und zwar auf dem Gebiet des jeweils anderen. Wir Kontingentflüchtlinge mussten unser Bild von Deutschland korrigieren, während die Nachkriegsgeneration in Germanija, das wurde mir immer klarer, einen riesigen Gesprächsbedarf jenseits der Psychotherapie- und Familienaufstellungsräume hatte, in denen der böse Opa, der – wie Harald Welzer in seinem Buch erläuterte – jahrzehntelang kein Nazi war, im Zentrum stand und die Gegenwart blockierte. Und diese Entdeckungsreise konnte nur im Gespräch erfolgen.

Aus diesen Gesprächen über die Deutschen und die Juden nach dem Holocaust entstand auch die Idee zu meiner Axel-Springer-Ausstellung, die wir »Bild dir dein Volk!« genannt haben und ebenfalls im Jüdischen Museum in Frankfurt zeigten; später wurde sie auch noch vom Stadtmuseum Berlin übernommen. In dieser Ausstellung ging es um den Verleger Axel Springer, sein Medienreich und sein Bild vom Judentum und von Israel, ein christliches, philosemitisches, Israel-verliebtes Bild, das sehr viel mit Schuldgefühlen Springers zu tun hatte und dieses Land – die Bundesrepublik der Nachkriegszeit – entscheidend prägen sollte. Verbreitet wurde dieses Bild von der *Bild*-Zeitung, und manchmal frage ich mich, in welche Richtung sich das Weltbild der Deutschen in den Sechziger- und Siebzigerjahren entwickelt hätte, wenn die Springer-Blätter anders, nämlich betont antisemitisch, berichtet hätten.

Während der Arbeit an der Ausstellung erinnerte ich mich daran, was mich in meiner Tübinger Zeit besonders verwirrt hatte: Meine Kollegen an der Universität nannten die *Bild*-Zeitung immer ein »rechtes« oder »faschistisches« Blatt. Zugleich aber war es eigentlich das einzige mir bekannte Medium, dessen Tenor eindeutig israelfreundlich war. Bedeutete dies folglich, dass Antifaschismus in Germanija anti-israelisch war und Faschismus wiederum pro-israelisch? Meine damalige Naivität half mir fünfzehn Jahre später, die Kernfragen des deutsch-jüdischen Verhältnisses nach der Shoah anzusprechen. Zum Beispiel die Frage, ob ein Nazi fünfundzwanzig Jahre nach dem Krieg philosemitisch agieren und zum besten Freund Israels avancieren konnte. Ja, konnte er: Verwirklicht haben das philosemitische Projekt bei Axel Springer die Journalisten: Neben aus der Emigration zurückgekehrten Juden gab es darunter auch viele ehemalige Nazis.

Springer ist bis heute ein gut funktionierender, Juden und Israel liebender und das Jüdische schätzender Medienkonzern, und das gilt bei weitem nicht für jede linksliberale Zeitung dieses Landes. Braucht man diese Liebe überhaupt und lullt sie einen nicht ein wenig ein? Ja, das tut sie bestimmt, denn natürlich werden die jüdischen Themen im Verlag in Watte gepackt – noch mehr als sonst in der deutschen Gesellschaft. Ich habe Axel Springer und sein Haus nie gehasst, anders als so viele aus der älteren (und jüngeren) Generation. Ich brauchte ihn also auch nicht wieder heiß zu lieben, wie einige der gleichen Herrschaften es nach Jahren des Hasses tun. Das erlaubte mir eine Reflexion über das Haus. Die Axel-Springer-Ausstellung war für mich endlich ein Projekt über Deutschland, und manchmal dachte ich mir: Eigentlich hätte ich erst nach dieser Ausstellung die deutsche Staatsbürgerschaft verdient, denn erst dann hatte ich das Gefühl, die Bundesrepublik mit ihren Widersprüchen, Schuldgefühlen, ihren gekränkten Nationalismen, ihrem Antikommunismus und Antisemitismus und ihrem wachsenden, bisweilen krankhafte Formen annehmenden Philosemitismus wirklich zu verstehen.

Fritz Bauer. Schwieriger Umgang mit dem Guten

Fritz Bauer ist heute überall. Der Frankfurter Generalstaatsanwalt, der die für die Bundesrepublik so wichtigen Auschwitz-Prozesse in den frühen Sechzigerjahren ins Rollen brachte und den Israelis entscheidende Hinweise für das Aufspüren des Naziverbrechers Adolf Eichmanns (die Banalität des bürokratischen Bösen!)

gab, ist im heutigen Deutschland populär geworden. Er schwäbelt in Kino und TV, schaut uns durch seine Intellektuellenbrille aus zahlreichen Zeitungsartikeln an, raucht ununterbrochen seine starken Zigaretten, vor seiner berühmten schwarz-weißen Tapete mit quadratischem Mustern sitzend, in diversen Videoausschnitten, die deutschlandweit zu sehen sind.

Der jüdische Sozialdemokrat Fritz Bauer, der im skandinavischen Exil überlebt hatte, ergänzte in den letzten Jahren im Bewusstsein eines breiteren Publikums die Galerie der wenigen Helden der Bundesrepublik, also der ungebrochen guten Akteure der deutschen Geschichte nach 1945, die keine Nazis oder Kollaborateure waren. Ausgerechnet mit diesem einsamen Kämpfer für juristische und moralische Gerechtigkeit im Deutschland nach Hitler bekam ich in Frankfurt meine ersten beruflichen Schwierigkeiten, als ich vorschlug, eine Ausstellung über ihn zu konzipieren.

Doch im Unterschied zu den »Russen« und zu Axel Springer passten im Fall Bauers, so mein Eindruck, Ambivalenzen nicht mehr ins Bild. Widersprüche und Abweichungen sollten draußen bleiben und Bauer stattdessen als Held in seinem schwierigen Kampf gegen das »dunkle Deutschland« gezeigt werden: gegen die Globkes und Filbingers dieser Welt, die gegen Bauer intrigiert hatten, um als hochrangige Mitarbeiter des bundesrepublikanischen Justizapparats die Aufklärung ihrer Verbrechen aus der Nazizeit zu blockieren.

Der Mythos »Bauer allein gegen alle«, der auch im Umfeld meines Institutes gepflegt wurde, überzeugte mich nicht. Ich kannte das sowjetische System gut genug, um zu wissen, dass Mitspielen und Loyalität auf diversen Ebenen manchmal auch für Dissidenten notwendig ist, dass man »gut« und »böse« häufig gar nicht so genau unterscheiden kann, jedenfalls nicht derart radikal voneinander trennen, wie es die pathetische und de facto etwas selbstfixierte

Bauer-Forschung tat. Nach der in der Forschung herrschenden Meinung habe Bauer den Deutschen den rechten Weg zeigen wollen – gegen den Widerstand der bundesrepublikanischen Gesellschaft, die nach dem Krieg im Wesentlichen immer noch aus Nazis und Verbrechern bestanden habe. Die Guten seien rar in dieser Gesellschaft gewesen, und umso wichtiger seien sie für uns heute. Als Beispiele, als Symbole, als Lehrer der Nation. Jeder, der etwas gegen Bauer oder seine Adepten sagte, griff damit die Gerechtigkeit, ja, das Gute schlechthin an. Natürlich ist dieses Bild auch von mir etwas überzeichnet, dennoch stand für mich fest: Diese Art der Schwarzweißmalerei wollte ich nicht betreiben, denn ich bin mir bis heute sicher, dass die gesellschaftliche, politische und moralische Realität nicht so eindeutig zu beschreiben ist.

Ich wäre bereit gewesen, die Geschichte eines stillen, mit nicht wenigen Komplexen versehenen schwäbischen Mannes zu erzählen, der Jude war und sein Judentum kaum artikulierte – weder privat noch öffentlich; der ein Sozialdemokrat war und als solcher viel zu selten in Erscheinung trat; der höchstwahrscheinlich homosexuell war und als deutscher Beamter sein Schwulsein verstecken musste; der ein deutscher Kulturnationalist war (wie man seinen mit Schiller-Zitaten geschmückten Artikeln entnehmen kann) und als solcher die Nation umerziehen wollte, weil der Nationalsozialismus der deutschen Kultur massiv geschadet hatte.

Ich wollte das Spiel »Bauer versus deutsche Gesellschaft« nicht mitmachen. Meine Erfahrungen aus der Sowjetunion hatten mich gelehrt, dass man es sich mit der pauschalen Verurteilung der Menschen zu einfach machte – zu komplex war das Leben in solchen totalitären Systemen. Zugegebenermaßen habe ich mir die damit verbundene Frage trotzdem nicht gestellt: Wäre es möglich gewesen, beispielsweise eine Ausstellung zu Lenin im russischen/ukrainischen Lenin-Institut der frühen Achtzigerjahre mit solchen Ambivalenzen versehen zu realisieren? Ein solches Ausstellungskonzept, sogar der Hauch seiner Andeutung, wäre für den Kurator in der Sowjetunion nicht nur karriereschädigend gewesen, sondern hätte auch eine Freiheitsstrafe nach sich ziehen können. Das alles stand hier, in Frankfurt, nicht auf dem Spiel, sondern hier ging es um etwas anderes: darum, Ambivalenzen zu verstehen und auszuhalten.

Die meisten meiner Kollegen jedenfalls konnten meine Zweifel nicht nachvollziehen. Mein schwieriger Kampf gegen den Bauer-Kult endete mit einem zu erwartenden Fiasko; ich musste das Projekt an die intelligente, ruhige, sich von den Kämpfen um diverse politisch-intellektuelle Kuchenstücke bewusst distanzierende Kollegin Monika Boll abgeben, die die Ausstellung wunderbar sachlich, in einer Distanz zur schwierigen Bauer-Gemeinde und gleichzeitig mit Empathie zu Fritz Bauer selbst umsetzte. Wir konnten danach über uns und unsere Rollen in diesem komplexen Stück ausgiebig lachen.

Heute würde ich mir übrigens zutrauen, eine Lenin-Ausstellung zu konzipieren – in Kiew oder in meinem Dnepropetrowsk, dem heute namenlosen Dnipro, wo die Lenin-Denkmäler von den permanent fotografierenden und postenden, euphorisierten, de facto armseligen Massen, kaputtgeschlagen und abgetragen wurden.

Bar Mizwa im Rothschild-Palais

Mein Sohn Mark kann, was ich nicht kann: Er kann warten. Er muss sich dafür gar nicht überwinden – er bleibt gelassen und ruhig, mein Junge. Nein, nein, er zittert tatsächlich in seinem Inneren, wenn etwas Wichtiges ansteht, aber er wird es nicht auf Papas blöde hektische Weise (ich muss das jetzt sofort haben/erledigen/bekommen, sonst geschieht eine Katastrophe) zeigen. Er lebt einfach. Kann es sein, dass ein Aufwachsen ohne tägliche Katastrophen dabei doch irgendwie ein wenig hilfreich ist?

Die Brüche der Eltern, die Einwanderungs-, Ankommens-, Ein- und Übertrittsgeschichten, Sprachen, Egoismen, Nostalgie und Unfähigkeit, all das, was uns quält und unsere Welten nicht zusammenkommen lässt, bekommt unser Sohn Mark natürlich mit. Dann ist all das wieder weg, und es wird spannend und schön um ihn herum. Das, was man hier Muttersprache nennt, ist für ihn Deutsch, während die Sprache seiner Mutter Russisch ist – eine Sprache, die er ebenfalls ganz vernünftig beherrscht.

Es wurde Zeit, dass er Bar Mizwa wurde, wie es sich in einer guten jüdischen Familie gehört – wir haben die unterbrochene Linie wieder hergestellt und wollten »normal« sein! Wir lebten in Frankfurt, einer Stadt, die Bar-Mizwa-Feiern in der Bar des Interconti für zigtausend Euro anbietet, inklusive prominente Bands, Schokoberge und repräsentative Geschenke. Wenn Marks Freunde Bar Mizwa wurden, waren Ljuda und ich häufiger auf solche Feste eingeladen, zu denen wir gerne gingen: weil die Feste schön waren, es dort viel Schokolade gab und sie mich stark an mein Dnepropetrowsk erinnerten. So würde es feiern, mein Dnepropetrowsk, wenn es zivilisierter, deutscher und nicht übermäßig dem Alkohol verfallen wäre. Dann würde womöglich ein Frankfurt daraus: Frech, reich und irgendwie mild in seiner Fähigkeit, weiterzugeben, alle an der Feier teilhaben zu lassen, zumindest für einen Abend. Jüdischer Dickens. Jüdisches Frankfurt des frühen 21. Jahrhunderts. Frankfurter Schule!

Ich wusste also nicht, ob eine solch aufwendige Bar-Mizwa-Feier wirklich notwendig war, aber andererseits stand sie für so vieles, vor allem für das Erwachsenwerden unseres Kindes. Als ich in Marks Alter war, kann ich mich nur daran erinnern, wie wir Geburtstage gefeiert haben, meinen zehnten, elften, zwölften und dreizehnten.

Ich weiß noch, wie Gäste zu uns in die Karl-Liebknecht-Straße kamen und fragten, wo hier die Toilette sei. Na, da drüben, im Hof – ich erröte noch heute, wenn ich daran denke. Bar Mizwa war ich jedenfalls nicht.

Mark ging in Frankfurt auf eine jüdische Schule, die zu den guten Schulen der Stadt zählte, zum Glück aber längst nicht nur von Juden besucht wurde. Selbst wenn man jüdisch ist, so denke ich, soll man nie in einer ausschließlich jüdischen Gesellschaft weilen – das reduziert das Leben stark. Es ist toll, einen funktionierenden religiösen und kulturellen Ausgangspunkt zu haben, aber man sollte auch die anderen Seiten der Gesellschaft kennen. Das gilt übrigens, wie ich finde, für alle Religionen.

Stefanie arbeitete in leitender Position in einer Frankfurter Bank, und ihr Sohn, Jonas, ging ebenfalls auf die jüdische Schule. Obwohl die Familie nichtjüdisch ist, erhielt Jonas nun eine jüdische Erziehung. »Es ist besser, eine religiöse Grundlage zu haben. Und da die christliche Kultur eine jüdische Basis hat, ist es besser, gleich bei dieser Basis einzusteigen«, sagte Stefanie. Sie erzählte von einer Bergbesteigung mit ihrer Familie in Bayern. Sie wanderten und wanderten, der Weg war steil und steinig, schließlich war die Bergspitze in Sicht. Diese wird im katholischen Bayern durch ein riesiges Kruzifix markiert. Sie blickten nach oben und Jonas, der christliche Schüler der jüdischen Schule, sagte: »Endlich. Wir sind am Ziel. Da steht der Moses!«

Auch wir waren nun irgendwie am Ziel. Vor uns stand das Rothschild-Palais in Frankfurt. Der Weg dahin war ein langer, vielleicht nicht so ein steiniger wie der Aufstieg »zum Moses« in Bayern, aber es war unsere Emigration und ein Aufwachsen unseres Tübinger-Frankfurter-New Yorker Sohnes – die Feier im Palais sollte unsere Liebe zum jüdischen Frankfurt markieren. Und unsere Liebe zu Mark zeigen.

Die Feier wird ein Kompromiss sein. Wir hatten einen leicht abnehmenden, doch vorhandenen Bezug zum Egalitären Minjan, den Liberalen in der Gemeinde, und ihrer intellektuellen Rabbinerin Elisa Klapheck. Marks Vertrauensrabbiner jedoch war Andy Steiman, ein eher traditioneller Rabbiner, der aus den USA stammte und seit Jahrzehnten in Frankfurt lebte. Seine Vorfahren kamen aus Odessa. Marks Religionslehrer hingegen, Asaf Grünwald, war ein orthodoxer Israeli mit deutschen Wurzeln, der auch als Vorbeter in der Frankfurter Westend-Synagoge tätig war.

Asaf, der traditionelle Mann der synagogalen Trennung zwischen Männern und Frauen, ermöglichte uns ein Zusammensitzen von Frauen und Männern bei der Bar Mizwa von Mark, indem er einen kleinen Trick anwandte. Der Gottesdienst, beschlossen er und Andy, solle nicht wie üblich am Samstag, sondern an einem Donnerstag stattfinden: Dann könnten unsere Gäste gemischt sitzen, und Asaf, der Orthodoxe, könnte vor einem liberal ausgerichteten Publikum die Funktion eines Kantors ausüben.

Mehr als hundert Gäste kamen. Nichtjüdische, die sich auf die Zeremonie freuten und offen waren für alles; jüdische, die sich über eine solche – für sie neu gestaltete – Zeremonie wunderten. Mittendrin unser cooler Sohn, der ganz gegen seine Art an diesem Tag im Mittelpunkt stehen würde. Und seine treuen Begleiter, seine liebevollen Eltern: Ljuda und ich. Ich musste mich erst mal anfreunden mit der mir ungewohnten Rolle der dritten Geige, die mir aber zunehmend gefiel. Außerdem freute ich mich über meinen Sohn mit seinem ironischen Lächeln, der auch mich irgendwie erwachsener machte. Auch meine Eltern waren gekommen. Mein Vater trug eine Fliege, die meine Mutter ihm in einem Esslinger Second-Hand-Laden (wo sonst) für 50 Cent gekauft hatte, und bewies damit wieder mal einen unnachahmlichen Stil.

Im Foyer des Rothschild-Palais wurde gerade eine Ausstellung aufgebaut – »Juden und Geld«. Das Museum erzählte politische Wirtschaftsgeschichten und spielte mit dem ewigen Vorurteil – »die Juden sind reich«. Diesem Klischee entsprachen wir an diesem Tag leider überhaupt nicht: Wir waren »Juden ohne Geld«, »Russen«, die keine Oligarchen waren ...

Meine Gefühle gegenüber Mark und Ljuda waren für mich an diesem Tag stärker als die des Ankommens – in Deutschland, im Judentum, in der Familie. Ich suchte einen Weg zu einem Gipfel, wo diverse Mosese und Jesuse stehen, nicht den Gipfel selbst – der Weg zum Tempel ist wichtiger als der Tempel selbst. Und der schöne, immer selbstbewusster werdende, kleine große Mann, so schlank und imposant in seinem Anzug, den ich damals im Bauchsack getragen hatte, war einfach da.

Mark las den Wochenabschnitt, die Parascha Schelach Lecha, vor: Moses entsendet nach einer langjährigen Wanderung durch die Wüste seine Botschafter, damit die Männer das Land Kanaan, das künftige Heilige Land, auskundschaften. Die Männer sollen herausfinden, was das Land hergibt und den Menschen zu bieten hat.

Viele der Männer kehren gar nicht mehr zurück – in ihre »himmlische Sowjetunion«. Es waren die typischen Themen und Probleme der Migranten. Alles kam mir so bekannt vor in diesem alten Text. Ein Ankommen: Mark-Mosche Belkin, der Bar Mizwa, war dieses Ankommen. Wir beobachteten, waren gleichzeitig da und nicht da – und waren vor allem eines: unendlich stolz!

Dieses Fest wurde für einen lokalen jüdischen Sender gefilmt, und vor der Kamera standen drei Generationen der Belkins: mein Vater, ich und mein Sohn. Der frisch gebackene Bar Mizwa durfte die Fragen des Journalisten, eines netten, in Frankfurt lebenden Australiers, auf Englisch beantworten – in einer Sprache, die seine Großeltern noch weniger als sein Deutsch verstanden. Zähneknir-

schend und gleichzeitig lächelnd nahm ich den Scherz des Kamera-
manns auf, der feststellte, dass mein Sohn doch am besten von uns
dreien aussehe. Als der Redakteur auch noch meinen Vater interviewte, mussten wir für ihn übersetzen.

»Was bedeutet dieser Tag für Sie?«, wurde mein Vater gefragt.

»Ein Belkin hat Bar Mizwa«, antwortete er – »ich kann es kaum
glauben! Und wissen Sie, heute denke ich zum ersten Mal seit Jahren, es gibt vielleicht einen Gott, der das möglich macht.«

Ich hoffe sehr, dass keiner meine Tränen sah, weder mein Vater
noch die Kamera oder die Fernsehzuschauer.

VI.
ANGEKOMMEN?

Berlin

Berlin, wo wir ein Jahr nach der Bar Mizwa von Mark landen, wird zur Stadt unseres Sohnes, der sich hier von Anfang an wohlfühlt. Er kommt aufs Jüdische Gymnasium und tritt, sehr zu meiner Freude, in meine journalistischen Fußstapfen: In der *Jüdischen Allgemeinen* schreibt er etwas über die Flüchtlingsfrage und erzählt in diesem Artikel auch von unserer Familiengeschichte, um zu sagen, nun ja, wir kennen das. Im *Tagesspiegel* schreibt er über die jüdische Geschichte und die jüdischen Nachbarn, die vor 1933 in unserem Bayerischen Viertel gelebt haben. Als wäre das das Normalste der Welt! In der Tat: Es ist das Normalste der Welt, wenn wir im Kino am Bundesplatz einen tollen Film über den Berliner Jüdischen Friedhof Weißensee sehen und zwei russische Jüdinnen hinter uns laut und stolz flüstern hören: »Nashi! – die Unsrigen!« Die Damen meinen einen Grabstein mit russischen Inschriften, der gerade eingeblendet wurde. Mein deutscher Sohn und ich schauen uns an und lachen.

»Wir hatten das alles nicht – sie sollen das alles bekommen«, so reden wohl alle Eltern und Großeltern zwischen Kiew und Damaskus über ihre Kinder, für die angeblich »das alles«, vor allem ihre verrückte Auswanderung, gemacht wurde. »Wir hatten so viel, zum Beispiel uns, unsere Zeit und unsere Gedanken – Mark soll das alles und noch viel mehr bekommen«, sagen Ljuda und ich. Und er bekommt alles – und muss zu seinem Leidwesen auch noch gelegentlich Ausflüge in die Vergangenheit seiner Eltern mitmachen, zum Beispiel zum Urlaub nach Odessa oder in eine Filiale der Berliner Ladenkette »Rossija«, wo ich ab und zu das symbolische Produkt einer sowjetischen Marke kaufe, Quark, Käse oder Kaviar. Mark begleitet mich auf diese Ausflüge und lässt sie klaglos über sich ergehen, aber eigentlich findet er sie archaisch.

Der Grund für unseren Umzug nach Berlin ist meine neue Stelle beim jüdischen Ernst Ludwig Ehrlich Studienwerk, ELES. Ich betreue dort die Promovierenden und mache das Programm für die Alexandras, Sergeys, Rimmas, Naomis und Benjamins, die, oder genauer gesagt: deren Eltern, aus Kiew, Moskau, Dnepropetrowsk, Tel Aviv, Haifa oder Frankfurt stammen und die nur unwesentlich älter als mein Sohn sind. Wir fördern sie und ermutigen sie, eine selbstbewusste Position innerhalb der deutschen Mehrheitsgesellschaft zu finden. Ich wünschte, so etwas hätte es schon in den Neunzigern gegeben, als ich und viele andere »Kontingentflüchtlinge« uns rat- und orientierungslos an den deutschen Universitäten bewegten.

»Ich bin das nicht und jenes nicht geworden, und ich werde dir meine Erfahrung gern weitergeben«, schrieb ein sowjetischer Jude aus Odessa namens Michail Schwanecki an seinen Sohn. Was kann ich den jungen Leuten mitgeben? Den Perestrojka-Idealismus und die darauf folgende Ernüchterung meiner Generation? Unsere Hoffnungen und die darauf folgenden Enttäuschungen? Wer studiert heute Geschichte? Wer Philosophie? Wer verbindet »russische Ideen« mit dem Judentum und mit dem deutschen Idealismus? Kaum jemand braucht heute noch sechs Bücher in drei Taschen zu transportieren – ein Tablet, ein Laptop schafft bei Bedarf Zugang zu allen Bibliotheken der Welt. Zwar kennen die, deren Eltern aus Osteuropa stammen – und dazu zählt der größte Teil unserer Stipendiaten –, die Qualen und die migrantische Verzweiflung der vorangegangenen Generation noch aus Erzählungen oder sogar aus eigener Erfahrung; im Geschichtsunterricht haben sie gelernt, dass es mal eine Welt der geschlossenen Grenzen und der streng voneinander getrennten Identitäten gegeben hat. Aber das ist nicht mehr ihre Welt.

Unsere Stipendiaten blicken nach Israel und Amerika, wollen in Germanija unbedingt ihr kleines, stolzes jüdisches »gallisches Dorf« retten, liebevoll pflegen und bewahren, hadern mit der deutschen Mehrheitsgesellschaft und deren – mitunter auch antisemitischen – Vorurteilen. Sie kämpfen für eine gesellschaftliche Pluralität und für die eigene Zukunft. Viele von ihnen studieren Medizin, Jura, Psychologie und Politik und begehen jüdische Feiertage – nicht den »Tag des Sieges« am 9. Mai. Sie wollen keine Länder mehr retten, die Sowjetunion ist für sie eine untergegangene Insel, aus der einige wenige Fragmente weiterbestehen und wo ihre Familien einst in der sozialistischen Steinzeit lebten, in einem Jenseits, das von dem hiesigen Diesseits unendlich weit entfernt liegt und trotzdem bei Bedarf immer besucht werden kann. Doch ihre Reisen – die meisten von ihnen beherrschen vier oder fünf Sprachen – führen sie heute eher nach New York, Tel Aviv und Paris als nach Moskau, Kiew oder Kischenew.

Obwohl: Dieser »Tag des Sieges«, dieser 9. Mai, lebt in der historisch einmaligen und administrativ unregierbaren, chaotischen und schönen Fast-Weltstadt Berlin paradoxerweise wieder auf. Im Treptower Park, in dem ein riesiges sowjetisches Ehrenmal steht, sieht man am 9. Mai zehntausende »Russen« und Berliner Linke. Einige der Anwesenden tragen Kippot, sie sind zwischen 25 und 30 Jahre alt und traditionelle Juden. Ihre etwa neunzigjährigen atheistischen Urgroßeltern, die dabei sind, tragen ihre Medaillen stolz und singen die herzzerreißenden sowjetischen Kriegslieder, die auch bei mir im Auto erklingen, wenn ich alleine unterwegs bin. Die Veteranen weinen und legen rote Nelken nieder.

Die Jüdische Gemeinde in Berlin ist gespalten. Im Unterschied zu Frankfurt, wo die internen Auseinandersetzungen kaum nach außen durchsickerten, ist jeder gemeindeinterne Skandal der wichtigsten und größten Gemeinde Germanijas sofort in der Berliner Tagespresse zu lesen. So hat die Jüdische Gemeinde Berlins im Dezember 2015 ihre Repräsentanz gewählt. Zur Wahl standen zwei Parteien. Die eine, die bisher regierte, hat mehr Stimmen bekommen. Die Konkurrenz hat gut abgeschnitten, die Briefwahl war umstritten. Doch die Berliner Presse konzentrierte sich vor allem auf ein Motiv: »die Russen«! Das sei die herrschende Partei in der Berliner Gemeinde und das eigentliche Problem. Diese russische Partei regiere mit »stalinistischen« und »putinistischen« Methoden, heißt es in der Berichterstattung. Die russischen Zuwanderer würden bei dieser Wahl, aber auch im Gemeindealltag, einander bekämpfen, und in der Berliner Gemeinde würden »sowjetische Verhältnisse« herrschen. Die westdeutschen Gemeinden, wie die Frankfurter oder die Münchener, seien geradezu Oasen im Vergleich zum Berliner Sowjet-Chaos. Ich wundere mich und fühle mich, als wäre ich wieder im Tübingen der Neunzigerjahre und müsste dort den Diskussionen über die Sowjetunion beiwohnen. Die Reduktion der Handlungsweisen der Akteure auf ihre Herkunft, das habe ich inzwischen gelernt, ist eindeutig ein Instrument, das rechte Medien beherrschen. Wissen die oftmals sich als links verstehenden »Russen-Kritiker« eigentlich, was sie da von sich geben?

Nicht über »Stalinisten« oder »Putinisten« hätte man schreiben sollen, sondern über gute, schlechte, katastrophale, tolle, (un-)fähige Berliner Repräsentanten des Gemeindelebens. Doch es war nur von »den Russen« zu lesen! Aus meiner jetzigen Sicht ist das schlicht lächerlich: Ältere und jüngere, begabte und weniger begabte, aufrechte und intrigante, eloquente und stotternde Kandidaten sind vor allem eines: Berliner! Warum schätzt man diese Leute mit ihren zum Teil sehr dramatischen Biografien, die seit dreißig Jahren in der Stadt sind, gar nicht, warum verachtet man sie? Realisiert denn niemand, dass das jüdische Berlin von heute das jüdische Deutschland von morgen sein wird? Nicht ein Sammelsurium zerstrittener, um die Macht kämpfender Akteure, sondern eine pluralistische, auch konfliktträchtige, jüdische Gemeinschaft.

Wenn die Dichterin Anna Achmatowa Recht hatte und Gott tatsächlich alles aufbewahrt, so ist das Berlin des frühen 21. Jahrhunderts die Weltzentrale dieses Archivs: Tragödien, Schmerzen, Freude, Trennungen und Treffen vergangener Zeiten sind hier zum Greifen nah. In Berlin wiederholt sich plötzlich so vieles, oder es kommt einfach vieles zusammen, was ich wiedererkenne.

In Berlin wurde ich in den Vorstand der AG »Juden und Christen« beim Evangelischen Kirchentag gewählt. Als Jude, versteht sich! So kann ich heute einen wichtigen Dialog mit den Christen führen, der noch vor zwanzig Jahren ein Dialog mit mir selbst war: Was bin ich denn, ein Jude oder ein Christ?

Völlig unerwartet treffen wir unsere Vergangenheit in einer Sauna, wo wir den Berliner jüdischen »Russen« begegnen. Sie sind über 50, haben allesamt einen kräftigen Bauch, und manche von ihnen tragen ein massives goldenes oder silbernes Kreuz um den Hals. Soweit ich es erkennen kann, sind sie keine Mitglieder der jüdischen Gemeinde in der Fasanenstraße. Oder doch, im Sinne einer mir vertrauten jüdisch-christlich-atheistischen Mischung der Neunzigerjahre? Riesige Kreuze waren damals ein Statussymbol – ein solider Mensch trug ein solides Kreuz. Die Religion stand dabei nicht im Vordergrund. Die Männer geben sich nach außen gern kriminell, sind aber verletzlich und schüchtern, was man hinter ihrer Grobheit nicht immer sieht. Den Sonntag verbringen sie in der Sauna, dann setzen sie sich in das, was sie ein »evrejskij samolet«, ein »jüdisches Flugzeug« nennen, und fliegen los: in die ehemalige Heimat, die für die Passagiere des »jüdischen Flugzeugs« nicht in Russland und Ukraine aufgeteilt ist und auch keine »himmlische Sowjetunion« ist. Sondern konkrete Städte, in denen sie konkrete Geschäfte haben. »Menschen sind überall«, sagen die Kreuzträger – und das Business auch. Ich hätte nie geahnt, dass mich diese Welt, die so 1990 ist und so vorbei zu sein schien, je wieder einholen würde – werde auch ich mich eines Tages in ein »jüdisches Flugzeug« setzen? Ich würde es nicht komplett ausschließen, ab und zu kann ich es mir vorstellen. Aber: Welches wären meine Geschäfte, bräuchte ich dafür auch ein goldenes Kreuz – und wo sollte ich denn hinfliegen? Vielleicht nach Israel, das mir zunehmend wichtig wird?

Meine Frau rollt nur mit den Augen, wenn ich Israel erwähne. Dorthin reisen, Menschen treffen, da sein – gerne! Aber dort leben? Also lasse ich es bleiben. Auch Ljuda ist inzwischen richtig angekommen und ist jeden Morgen fast eine Stunde unterwegs, um am Institut für raumbezogene Sozialforschung in Erkner zu arbeiten. In Erkner hat man vom Bayerischen Viertel, in dem wir leben, wahrscheinlich noch nie gehört, und im Bayerischen Viertel interessiert sich kaum jemand für Erkner. Ljuda verbindet diese Welten. Als Migrationsforscherin beschäftigt sie sich mit dem Thema Flüchtlinge und damit, wie man die lokalen brandenburgischen Museen für dieses Thema sensibilisieren kann. Wenn sie morgens das Haus verlässt, dann rollt der kleine Vietnamese in der Berliner Straße seine Blumen aus dem Laden (die vermutlich aus Holland stammen). Vielleicht hat auch er früher in der vietnamesischen Hälfte des Heims in Reutlingen-Rappertshofen gelebt, wer weiß.

Peter, der gute Geist unserer Straße, fuhr vierzig Jahre lang Taxi in Berlin und weiß alles über die Stadt. Heute ist er Hausmeister (Hauswart, wie man in Berlin sagt) eines großbürgerlichen Hauses in unserer Nachbarschaft, hat für alle ein gutes Wort, für jedes Kind ein Bonbon und für jeden Hund aus dem Viertel ein Leckerli. Seine Gelassenheit, stelle ich mir vor, kommt von diesem Nicht-mehr-rennen-müssen, ein Stadium, in dem wir Migranten immer noch nicht angekommen sind. Peter musste nirgends ankommen, er war einfach immer schon da. Er berlinert ruhig im Kiez vor sich hin und hält das schicke Haus, in dem die reichen Witwen der verstorbenen trinkenden Stars der Kulturszene der Bundesrepublik, die scheinbar nüchternen Autoren mit ihren Hunden und die Mitarbeiter der amerikanischen Botschaft ohne jegliche Hunde wohnen, in vorbildlicher Ordnung.

Wenn Ljuda schon längst in Erkner und Mark auf dem Weg zur Schule ist, verlasse auch ich die Wohnung und gehe an Peter vorbei. Wie immer, habe ich es eilig, doch ein Small Talk, ein Handschlag und ein Lächeln müssen einfach sein.

»Na, allet jut, junger Mann?«, fragt Peter.

»Allet jut, Peter, danke!«, sage ich.

VII.
BRIEF AN EINEN
FORTGESCHRITTENEN EINWANDERER

Verfasst im angetrunkenen Zustand
in einer Bar in Berlin-Mitte

Lieber unbekannter Freund!

*Überwinde so schnell wie möglich das Gefühl einer Katastrophe,
mit dem du – meistens ein Einwanderer aus dem Land einer Katastrophe – seit Jahren lebst. Viele Züge fahren zwar in Deutschland ohne dich ab, doch das macht überhaupt nichts. Warte ab,
begrabe die Ahnung einer nahenden Apokalypse. Die Menschen
hier mögen dieses Gefühl nicht.*

*Sie verfügen darüber schon selbst in einem übermäßig hohen
Maß. Sei locker, aber nie zu locker. Überflüssige Ironie kann bald
als eine Bedrohung aufgefasst werden. Sarkasmus, der sich bei dir
im Zuge deiner Einwanderung und deines nicht immer wolkenlo-
sen Ankommens reichlich angesammelt hat, ist tödlich. Insbesondere in der Kommunikation mit den Chefs. Gib deinem Gegenüber und vor allem dir selbst Zeit – der Sarkasmus legt sich. Dann
kommuniziere weiter, aber bitte sachlich und zuvorkommend.
Blende vorherige Dramen aus. Geh lieber einmal mehr ins Thea-
ter – erlebe dort die Dramen der anderen. Deine Unzufriedenheit
mit diesem oder jenem ist deine persönliche Sache. Du machst aus
ihr auch keine Zufriedenheit, wenn du sie laut artikulierst. Du*

verunsicherst so vielmehr die ohnehin schon stark verunsicherten Menschen in deinem Umfeld. Praktiziere nicht das amerikanische »Alles ist großartig!«, denn das ist eine reine Illusion; lass aber auch das deutsche »Alles ist unmöglich!« beiseite – negativ zu sein, ist eine Prärogative der Einheimischen, oft ihr letzter Hafen.

Die Verschlechterung deiner beruflichen Situation bedeutet noch gar nichts. Die Dinge entwickeln sich irgendwann zum Besseren oder stabilisieren sich auf einem guten mittleren Niveau. Das emotionale Korrigieren-Wollen einer Situation mündet meistens in einen tiefen Abgrund. Du glaubst, man muss etwas sagen, ich sage dir: Man sollte besser schweigen. Natürlich darfst du reden, offen sein und dich beklagen, so viel du möchtest. Aber sei dir darüber im Klaren, dass dann das Arbeits- beziehungsweise das Sozialamt und/oder die Psychiatrie übernimmt.

Es kann passieren, dass mit dir gespielt wird. Die Kunst der Intrige, zumal innerhalb eines hierarchischen Verhältnisses, ist weit verbreitet. Weise dein Gegenüber keinesfalls auf die unschönen Seiten seines Spiels hin, das er gerade mit dir betreibt. Seine Angst, die German Angst, ist eventuell noch größer als deine Einwandererangst. Denn die Sorge, eine negative Entscheidung treffen zu müssen, ist furchtbar. Ich hoffe, diese Gewissheit tröstet dich ein wenig. Gedulde dich, lerne zu ertragen, zu schweigen und abzuwarten – auch wenn alles in dir nach Erneuerung schreit. Zügele dein Temperament. Schreibe nie genervte, unzufriedene E-Mails, und flüstere statt zu schreien. Eine blöde Mail, ein ungeschicktes Wort – so etwas bleibt gerne hängen, und ein erst mal entstandenes Image lässt sich in Deutschland nur noch schwer korrigieren.

Erwarte keine Unterstützung, wenn du einen hoffnungslosen Kampf mit jemandem »da oben« startest. Du schaffst keine revolutionäre Situation, auch wenn du in einem Land der revolutio-

nären Gerechtigkeitsromantik der 68er bist. In Deutschland sucht man Stabilität und will keine Umbrüche, zumal keine, die von den Zugezogenen initiiert werden. In Germanija »konsolidiert« man sich selber und die unmittelbare Umgebung. Versuche erst gar nicht, das Boot ins Wanken zu bringen. Mach Kompromisse und betritt das Schiff mit einem leicht schüchternen Lächeln – nimm dir eine Kajüte in der zweiten Klasse oder suche dir einen Platz am Gang – damit du bei Bedarf schnell wieder gehen kannst! Eine gegen dich gerichtete Entscheidung wird meistens lange reifen und kann noch während des Reifungsprozesses korrigiert werden. Wenn sie aber gereift ist, hast du nicht den Hauch einer Chance, sie zu revidieren. Außer du bist in einem unbefristeten Arbeitsverhältnis, was du meistens als ein Einwanderer nicht bist. Hasse nie, auch wenn du mit einem wenig verdeckten Sadismus konfrontiert wirst. Liebe auch nicht deine Peiniger, denn wie soll eine solche Liebe funktionieren? Mach dich eher kleiner als größer, gib dich aber auch solidarisch und loyal, wenn du das positiv Normale an deinem Arbeitsplatz leben willst. Finde die Visionäre, verbünde dich mit ihnen! Du wirst sie alle eines Tages kennen; es gibt nicht viele davon in Deutschland, sie halten still – aber es gibt sie!

Merke: Wenn alles Turbulente vorbei ist, du das oben Beschriebene gelernt hast und nun äußerlich gelassen und positiv gestimmt erscheinst, dann tritt der Satz des Methusalix aus dem Asterix-Band Das Geschenk Cäsars in Kraft: »Du kennst mich doch, ich hab' nichts gegen Fremde. Einige meiner besten Freunde sind Fremde. Aber diese Fremden da sind nicht von hier!« Gegen diesen Satz bist du leider machtlos, deine Kinder vielleicht nicht mehr – warte ab.

Wir sehen uns auf dem Friedhof, doch auch er will zunächst dauerfinanziert werden – du hast bestimmt die grünen Warnzettelchen auf den unbezahlten Gräbern gesehen. Die Toten werden angemahnt – das Amt funktioniert auch im Jenseits. Denke an dich, wertschätze die anderen und hoffe für deine Kinder. Dein Herbst wird bestimmt zu deren Frühling – und das ist keine schlechte Perspektive! Viel Glück beim Arbeiten in Deutschland, mein Freund! Bleibe geduldig und loyal, rede mit Leuten und wiederhole selber nicht, was du bei den anderen früher kritisiert hast – wir Einwanderer sind Chamäleons und neigen stark zu einer unbewussten Mimikry.

Ich habe einen großen Respekt vor deinem Weg und wünsche dir das Beste!

Dein Dmitrij

VIII.
»DENN FREMD WARST DU
IM LAND ÄGYPTEN«

Der Zug der deutschen Gesellschaft rollt weiter. Der Zug »Germanija« ist kein ICE, sondern ich empfinde diesen Zug immer noch eher als einen modernen Regionalexpress. Ich mag diesen etwas langsameren Zug. Wir, die Einwanderer der Neunzigerjahre, fahren mit ihm und kennen die Benimmregeln und die Gesetze des Small Talks und wissen, wie man sich im Abteil verhalten soll. Wir sind inzwischen normale Passagiere dieses Zuges – zumindest bilden wir uns das ein. Neben uns sitzen »die Deutschen«, mit oder ohne Migrationshintergrund. Plötzlich steigen neue Gäste, die auch mitfahren möchten, ein: die Flüchtlinge und Einwanderer der Gegenwart. Sie wirken fremd, sind, genau wie wir Mitte der Neunzigerjahre, seltsam angezogen, sprechen unsere Sprache nicht (ich meine Deutsch, nicht Russisch!) und tippen ihre seltsamen arabischen Schriftzeichen in ihre Smartphones (die es zur Zeit unserer Ankunft noch nicht gab).

Die deutsche Welt wird plötzlich so anders! Wir sollen zusammen mit den hier Geborenen entscheiden, wie und ob wir die neuen Fahrgäste, die auch einen Sitzplatz suchen und sich noch verlegen an der Wand auf dem Gang positionieren oder sich einen Tick zu laut in der Mitte hinsetzen, aufnehmen sollen. Der viel zitierte

Satz »Wir schaffen das« der Kanzlerin auf der Bundespressekonferenz am 31. August 2015 sollte vor allem eins bedeuten: Wir nehmen viele Flüchtlinge auf und entdecken uns dabei neu. Es wird diskutiert, gefürchtet, geliked, begrüßt, Selfies werden gemacht, und erst dann – ungewöhnlich für Germanija – wird organisiert. Das alles geschieht öffentlich und wird millionenfach in den sozialen Netzwerken geteilt.

Die deutschen Türen öffnen sich, auf eine laute und angenehm einladende Weise. Die Menschen, die zu uns kommen, entfliehen dem Tod in ihren Heimatländern, deren Bürgerkrieg uns jahrelang nicht interessiert hat, und überwinden Mauern – sichtbare und unsichtbare. Sie zahlen viel Geld an Ganoven, die ihnen ein sicheres Ankommen in Europa versprechen. Auch wir kannten solche Typen vor der deutschen Botschaft in Kiew – doch sie spielten nicht mit unseren Leben, höchstens mit einigen gefälschten Pässen und den Plätzen in der Schlange, die zu Herrn Schatz führte.

Ich vermute, dass die so großzügig und überraschend spontan aufgeschlossenen deutschen Türen in Kürze wieder weitgehend geschlossen werden, denn die Menschen in Germanija haben Angst, eine sehr große, deutlich spürbare Angst. Die Diskussionen beginnen – sie werden immer härter geführt und die Stimmen der Rechten werden immer lauter. Das Land ist gespalten.

Flüchtlinge? War da nicht etwas? Hat der deutsche Staat uns (post-)sowjetische Juden nicht als »Kontingentflüchtlinge« inventarisiert? Nach dem Beginn der Flüchtlingswelle von Hunderttausenden von Menschen aus Syrien, Irak, Afghanistan nach Europa werde ich dauernd gefragt: »Sagen Sie, Sie waren doch selber ›Kontingentflüchtling‹, wie sehen Sie das heute?«

Wenn ich solche Fragen gestellt bekomme, denke ich noch einmal an die harte und schöne Zeit unserer Auswanderung und der Entscheidung des deutschen Staates, uns Juden aufzunehmen: Wir waren keine Flüchtlinge, sondern man hat uns einfach in den gleichen Topf geworfen wie die vietnamesischen »Boatpeople«. Sie waren in der Folge des Vietnamkrieges geflohen, meistens in Booten, die kaputt, ungeeignet und wie im Falle der heutigen Flüchtlinge hoffnungslos überfüllt waren. Wie heute auch, starben viele unterwegs, und ihre Leichen wurden vom erbarmungslosen Meer ausgespuckt. Nur das mit der Massenreproduzierbarkeit der Leichenfotos war damals nicht so weit entwickelt wie heute, und es waren auch nicht so viele Konzeptkünstler mit ihren Kameras unterwegs und dabei. Was aber waren wir, die jüdischen Kontingentflüchtlinge aus der UdSSR: »Buspeople«?

Die Diskussionen zu Anfang der Neunziger wurden ganz anders geführt als heute. Von uns wurde der Eintrag »Jude« in der Geburtsurkunde oder im Personalausweis gefordert, und wir wurden in den Erstaufnahmeeinrichtungen mal besser, mal weniger gut versorgt, auf jeden Fall aber jenseits jeglicher Öffentlichkeit und einer größeren gesellschaftlichen Debatte. Am Bahnhof erwartete uns kein Applaus. In den Medien wurden keine Überlegungen über unsere angeblichen oder tatsächlichen akademischen beziehungsweise beruflichen Hintergründe angestellt. Keiner machte sich so recht Gedanken darüber, woher denn diese »Russen« kommen, wer sie sind und was sie sein wollen. Nichts. Über allem lag nur der Schatten des Holocaust und das erschrockene Schweigen von allen Seiten – stattdessen die Frage: Darf man denn überhaupt das Wort »Jude« laut sagen?

Dafür: keine Lebensgefahr, klar geregelte soziale Verhältnisse und Aussichten auf einen Pass, kein derart zerstörerischer Bürgerkrieg in unserem Sechstel des politisch zerfallenden Territoriums dieser Welt. Zwar ist auch unser Land, die Sowjetunion, verschwunden – doch sie wurde nicht von innen und außen blutig zerrissen wie Irak, Afghanistan oder Syrien. Sie brachte Millionen Menschen in Unruhe, die in Bewegung kamen und sich, ähnlich wie die heutigen Flüchtlinge, aufmachten nach Europa, vor allem ins reiche Deutschland – und möglichst nicht, heute wie damals, ins »arme« Europa. Ein Wunsch, den man keinem vorwerfen kann.

Die ersten syrischen und afghanischen Flüchtlinge, die bereits etwas Deutsch beherrschen, warten noch auf die unvermeidliche und zunächst mal freundlich gemeinte Frage: »Und wann gehen Sie zurück in Ihre Heimat?« Der wesentliche Unterschied zu unserer damaligen (sicherlich auch schwierigen) Situation ist der, dass wir dank der Genfer Flüchtlingskonvention von 1951 mehr oder weniger umgehend Anspruch auf die ersehnte Aufenthalts- und Arbeitserlaubnis in Deutschland hatten. Das rassistische »Kinder statt Inder« der Neunzigerjahre betraf uns nicht. Der Weg der heutigen Asylsuchenden in Germanija zu diesem ersehnten Traumstatus hingegen ist noch sehr weit. Fast die Hälfte von ihnen besitzt überhaupt keine Papiere. Viele von ihnen werden in den nächsten Monaten und Jahren vermutlich abgeschoben. Jetzt aber sind die Menschen erst mal da – in ihren Übergangsunterkünften.

Auch wenn die meisten unserer postsowjetischen neuen Länder im heutigen Amtsjargon als »sichere Herkunftsländer« gelten würden (nur meine Ukraine mit ihrem aktuellen Bürgerkrieg ist es nicht wirklich), wurden wir damals nicht zurückgeschickt. Wir wurden nach Deutschland eingeladen. Wir Juden waren als (erinnerungs-)politische goldene Reserve der Germanija hoch eingestuft – auf der individuellen Ebene allerdings wurden wir sozial massiv herabgestuft. Wir waren ein wichtiges symbolisches Kapital, das man sehr preiswert erworben hat. Mit den Deutschen verband uns – überspitzt gesagt – auf den ersten Blick eigentlich nur der Holocaust; Dan Diner nannte das die »negative Symbiose«. Deshalb übersah man leicht, dass viele von uns zwar kaum Deutsch sprachen, aber hochgebildet und wissbegierig waren und eine gute Ausbildung besaßen (die natürlich nicht anerkannt wurde).

Im Januar 2005 endete die Kontingentflüchtlingsgeschichte mit Inkrafttreten des neuen Zuwanderungsgesetzes, und auf dem jüdischen Ticket kamen keine Ukrainer, Moldawier, Kasachen und Georgier mehr nach Deutschland. Heute ist auch dieses Gesetz restlos veraltet. Inzwischen behauptet fast niemand mehr, Deutschland sei kein Einwanderungsland – einen Satz, den wir noch regelmäßig hörten. Heute gibt es keinen Platz mehr für die Sonderregelungen für jüdische Migranten. Vielmehr muss das Land klären, wie es mit den Hunderttausenden neuen Bürgern umgehen möchte, die ohne Heine und Heidegger in der Tasche, oft sogar ohne Tasche hier ankommen.

Doch auch bei der Bewältigung dieser dramatischen Fluchtwelle sucht Germanija nach einer symbolischen Motivation: Eine Interpretation für die Öffnung der Grenzen lautet, dass das Land sich mit der Aufnahme der Flüchtlinge für die deutsche koloniale Vergangenheit und seinen rassistischen Kulturimperialismus des 19. und frühen 20. Jahrhunderts entschuldigen möchte. Eine Entschuldigung und eine positiv gerichtete Symbolpolitik können auch ein Machtfaktor sein – das ahnte ich vor der Auswanderung nach Deutschland nicht. Schuld und Macht gehen Hand in Hand – ein sehr deutsches Phänomen! Man holt die Menschen ins Land, baut ihnen Synagogen und Flüchtlingszentren, bekommt qualifizierte und weniger qualifizierte Arbeitskräfte und hofft dabei, dass die Vergangenheit einen nicht ganz so dunklen Schatten auf die Gegenwart werfen würde. Wir müssen über diese Logik weiter reden, aber bitte rational, nicht hysterisch und nicht hypermoralisierend!

Nicht nur in der jüdischen Gemeinschaft Deutschlands, aber vor allem dort, stellt man sich die Frage: Was, wenn heute die »falschen« Flüchtlinge kommen? Was, wenn die Mehrheit der Flüchtlinge gar keine »syrischen Ärzte und Ingenieure« (ach, wie rührend bildungsbürgerlich bist du nach wie vor, Germanija!), sondern antisemitisch und antiisraelisch eingestellte, frauen- und schwulenfeindliche junge Männer ohne jegliche Bildung sind, die die Landschaft in Deutschland entscheidend aufmischen und das Land zum Schlechteren verändern werden?

Die Religion der anderen sollte uns eigentlich egal sein. Ist sie aber nicht – die Angst vor dem Schimpfwort, das inzwischen auf vielen Berliner und Frankfurter Schulhöfen Hochkonjunktur hat, nämlich: »Du Jude!«, ist groß. Viele haben noch die Demonstrationen des Sommers 2014 in trauriger Erinnerung, als laut und fast heiter skandiert wurde »Jude, Jude, feiges Schwein! Komm heraus und kämpf allein!« Der Zentralrat der Juden protestierte dagegen und wollte eine große Gegendemonstration vor dem Brandenburger Tor veranstalten – es kamen die Bundesregierung und die alten »Russen« aus den jüdischen Gemeinden, die mit den Bussen aus der Provinz gebracht wurden. Ein netter, kostenloser Ausflug nach Berlin sollte es sein. Die Mehrheitsgesellschaft in Germanija jedoch schwieg oder empörte sich lediglich auf Nachfrage.

Meine Eltern sind heute tendenziell gegen die Flüchtlinge: »Sie nehmen uns das Letzte«, sagen sie. »Der Staat wird sich noch weniger um uns und um unsere medizinische und soziale Versorgung kümmern.« Die Flüchtlinge seien bestimmt kriminell und antisemitisch, betonen sie. Viele von ihnen, nicht alle. Ich korrigiere sie: »Schämen sollt ihr euch, Mama und Papa, ihr wisst, ich bin liberal«, und versuche, die Situation von mehreren Seiten zu beleuchten und ihnen zu erläutern. Über meine eigenen Ängste und Unsicherheiten schweige ich dabei lieber. Dann erzähle ich ihnen von unserem Sohn, ihrem Enkel Mark, der neulich ankündigte: »Ich möchte mich für Flüchtlinge engagieren.«

Hannah Arendt hat 1943 einen harten, rührenden und zugleich gnadenlosen Essay unter dem Titel »Wir Flüchtlinge« verfasst. Was den europäischen Juden in der Zeit, in der der Text entstanden ist, widerfuhr, nämlich eine systematische Ausrottung durch Nazideutschland, könne jeder Gruppe und jedem Einzelnen widerfahren. Wir säßen alle in einem Boot. Der Unterschied zwischen Juden und Nichtjuden gelte nun nicht mehr. Auch in der Vernichtung seien die Juden eine tragische Avantgarde der Menschheit – um sie zu vernichten, zerstörten die Nazis ganze andere Völker.

Was kann uns meine Geschichte der jüdischen Einwanderung aus der Ex-Sowjetunion lehren, die zwar die stolze Bezeichnung »Kontingentflüchtling« trägt, aber keine wirkliche Fluchtgeschichte ist? Sie kann uns lehren, dass man zu den Widersprüchen innerhalb der eigenen Gruppe stehen kann und sich nicht hinter symbolischen Existenzen verstecken muss. Wir kamen, und unter der knappen Viertelmillion von uns gab es nicht nur jüdische Bildungsbürger, die die Gemeinden stärkten und gleichzeitig die Mehrheitsgesellschaft bereicherten. Wir waren der deutschen und deutschjüdischen Gesellschaft fremd. Vielleicht nicht so fremd wie die Hunderttausenden von Moslems, die jetzt kommen, aber so fremd, wie die Menschen hinter dem Eisernen Vorhang sein können, die immerhin ehemalige Gegner waren: die »Russen«!

Wir litten und leiden an dieser Entfremdung stark, doch wir können dieser deutschen nichtjüdischen wie der jüdischen Gesellschaft – o Schreck! – auch dankbar sein, dass sie uns zwischen 1990 und 2005 aufgenommen und geholfen hat, also während einer schwierigen Zeit, in der das gerade erst wiedervereinigte Germanija ganz andere Dinge zu tun hatte, nämlich sich selbst suchte.

Wir können dankbar sein, aber wir sind heute nicht verpflichtet zu helfen – niemand ist dazu verpflichtet. Doch gerade weil wir nicht verpflichtet sind, erwächst – zumindest bei mir – das Bedürfnis, auch etwas für die Leute zu tun, denen es alles andere als gut geht. Und wenn sie sich später trotzdem uns gegenüber unschön und vor allem aggressiv und antisemitisch benehmen, dann ist es so. Man muss etwas mehr geben, als man rational kalkulieren kann, man muss etwas geben, ohne zu erwarten, dass man das Gegebene eins zu eins zurückbekommt. Zugleich sollte man aufhören, andere unter Druck zu setzen, indem man ihnen vorwirft, sie seien »Rassisten« (immer ein beliebter Vorwurf unter den Linken dieses Landes) oder einfach schlechte Menschen, wenn sie sich nicht engagieren möchten oder der Flüchtlingswelle skeptisch gegenüberstehen. Den schönen Satz, der in der Thora mehrmals vorkommt – man muss den Fremden respektieren, denn »fremd wart ihr in Ägypten« –, darf man nicht überinterpretieren, denn in diesen Tagen könnte er bald zu einer kitschigen Melange verkommen. Vielleicht denkt man besser an die Situationen, in denen man selber als Fremder Unterstützung bekommen hat – und uns wurde mehrmals in diesem angeblich fremdenfeindlichen Deutschland geholfen. Deshalb sollten auch wir den Leuten helfen, die vielleicht Al Jazeera gucken, den Comic-Versionen der »Protokolle der Weisen von Zion« glauben, ihre Frauen schlagen, Schwule hassen und gar keine Bildungsbürger, keine Historiker, Ärzte und Ingenieure sind. Es sind bedürftige Menschen, die momentan nicht auf ein Uni-Stipendium, sondern auf ein warmes Essen hoffen.

Die heutige Zeit verlangt viel Aufmerksamkeit, Empathie und das Bewusstsein, dass auch die Menschen, die bei ihren Montagsdemos durch die nächtlichen deutschen Altstädte mit den israelischen Flaggen marschieren, bei weitem nicht immer Freunde Israels und der Juden sind. Sie helfen sich auf ihre verkrampfte, unreflektierte Weise, ihr »jüdisch-christliches Abendland« ist nicht meins – und trotzdem gefällt es mir nicht, wenn diesen Menschen nur Hass und Verachtung entgegengebracht wird: »Diese primitiven Idioten!«, »kommt alles von ihrer Vergangenheit in der totalitären DDR-Diktatur!«, »die ewigen Looser!« Auch für sie sollten wir eine Verant-

wortung tragen, statt wegzusehen. Wer heute »Wir sind das Volk!«
schreit, der ist meistens stark verunsichert. Wir selbst wissen zu gut,
wie es sich anfühlt, wenn ein Staat in Ruinen zerfällt, wie solche
Ruinen aussehen und wie unschön das Leben auf ihnen ist.

Deutschland ist voller ausgesprochener und unausgesprochener
Traumata, und manchmal erinnert mich das Land an eine riesen-
große Familienaufstellung. Paradoxerweise werden diese Traumata
nicht selten transformiert in eine Überidentifizierung mit den Juden
angesichts der unaufgearbeiteten Vergangenheit der eigenen Ver-
wandtschaft. Der Sarkophag des ewig langen öffentlichen Schwei-
gens hat nicht erst seit gestern Risse und zeigt sich in Deutschland
auch in fremdenfeindlichen Äußerungen, die die anderen für die
eigenen Schmerzen verantwortlich machen. Das hindert die Leute
in keinster Weise, die für sie absolut abstrakten Opfer der Shoah zu
»lieben«. Wir können diese Menschen nicht therapieren, wir sollten
sie bloß nicht verachten – denn auch sie sind unser Deutschland.
Wenn es der deutschen Gesellschaft irgendwann gelingen sollte,
ihre lähmende und sicherlich auch narzisstische Schuldbefangen-
heit abzulegen oder sie zumindest stärker zu reflektieren, dann
muss sie vielleicht nicht mehr ewig schwanken zwischen den beiden Extremen, der totalen Offenheit für alle auf der einen Seite und
brennenden Flüchtlingsheimen auf der anderen Seite. Nicht wenige hierzulande halten den israelischen Präsidenten nach wie vor für
den Präsidenten deutscher Juden und schreiben einer Handvoll Juden einen überproportional großen finanziellen und medialen Einfluss zu. Die antisemitischen Klischees sind da.

Bevor wir uns in ein »jüdisches Flugzeug« setzen, um vor diesen
Widersprüchen der Germanija wegzufliegen, sollten wir uns vielleicht der eigenen Rolle bei einem möglichen Abbau dieser Tabus,
dieser Ruinen der deutschen Vergangenheit, bewusst werden. Kön-

nen die wenigen Juden Deutschland helfen, bewusster, rationaler, sicherer und selbstironischer zu werden? Juden als »Trümmerfrauen« und »Trümmermänner« deutscher Ängste? Nächste Frage, bitte!

Wenn jedoch andererseits ich als Jude in Germanija wie ein rohes Ei behandelt werde, dann fühlt sich die Watte um mich herum erst mal sehr gemütlich an, ist aber auf Dauer nur eines – Gift! Wie bewegt man sich als Jude zwischen diesen Vorurteilen, die sich an so vielen Stellen berühren, zwischen Antisemitismus und Philosemitismus? Ignatz Bubis, der »deutsche Staatsbürger jüdischen Glaubens«, resignierte am Ende seines Lebens und sagte: »Ich habe nichts oder fast nichts bewirkt!«

Ich möchte nicht resignieren, verstehe mich aber auch nicht als deutschen Staatsbürger jüdischen Glaubens. Doch der Frage »Was bist du denn?« versuche ich gerne auszuweichen. Jüdisch? Ja! Deutsch? Klar! Erwachsen? Gewiss! Russisch geprägt? Selbstverständlich! Mit der Ukraine eine gespaltene Verbundenheit empfindend? O ja! Europäisch? Unbedingt, jedoch mit kritischen Abstrichen in Richtung Brüssel! Und ich bin ein Historiker, der hofft, das alles differenziert und im geschichtlichen Kontext zu betrachten.

Vieles von dem, was ich in diesem Buch erzähle, klingt paradox und ist in einer Grauzone zwischen pathetischem Drama, unverhoffter Komik, der großen Ahnungslosigkeit und einer ersehnten Normalität zu verorten.

Doch ich betrete diese Zone gern. Wahrscheinlich bin ich nur in ihr richtig zu Hause. Denn so waren sie, unsere zwei Jahrzehnte zwischen Deutschland und überall. Ein *Friend*, kein Freund, dieser Unterschied ist entscheidend, schrieb neulich auf Facebook: Selig sei, wer in den Neunzigerjahren mit 20+ emigrierte, er habe zwei Leben, ein spätsowjetisches und ein amerikanisches/deutsches/israelisches, für den Preis von einem bekommen. Ja, wollte ich ihm

antworten und schreibe es lieber hier, du hast aber die Zinsen vergessen, die man für beide Lebenshälften zu entrichten hat. Und
zwar einzeln.

Genau darum, um die Zinsen, ging es in diesem Buch. Die erste Hälfte meines bisherigen Lebens habe ich in der UdSSR und in
der Ukraine verbracht. Die zweite in Deutschland. Ich zahle meine Lebenszinsen aber nur hier und verfüge über keine weitere Off-
shore-Zone. Auch deswegen stand Germanija im Zentrum meiner
Erzählung.

Heute denke und fühle ich so. Morgen wird die Epoche eine andere sein – und auch ich ein anderer.

STATT EINES NACHWORTES

Mögliche Heimat:
Deutsches Judentum zwei[*]

Als Hauptergebnis der Einwanderung aus der ehemaligen Sowjetunion (1989–2005) entstand in Deutschland eine neue jüdische Gemeinschaft. Diese nenne ich das »deutsche Judentum zwei«. Es besteht aus circa 250 000 Personen, inklusive Alteingesessenen, und gruppiert sich in, meistens aber außerhalb der 105 jüdischen Gemeinden in der Bundesrepublik, die heute etwa 122 000 Mitglieder zählen. Zum »deutschen Judentum zwei« gehören auch Personen jüdischer Herkunft, die nach der Halacha, dem Religionsgesetz, Nichtjuden sind, das heißt keine jüdische Mutter haben oder nicht übergetreten sind.

Das »deutsche Judentum eins« existierte in Deutschland bis 1933 und wurde von den Nationalsozialisten bis 1945 systematisch zerstört. Dabei wurden von den 560 000 Juden in Deutschland etwa 200 000 umgebracht, circa 300 000 emigrierten und konnten sich so-

[*] Dies ist die leicht gekürzte Version eines Aufsatzes, der zuerst abgedruckt wurde in: Dmitrij Belkin, Raphael Gross (Hrsg.), *Ausgerechnet Deutschland! Jüdisch-russische Einwanderung in die Bundesrepublik.* Begleitpublikation zur Ausstellung im Jüdischen Museum Frankfurt vom 12. März bis 25. Juli 2010. Erschienen 2010 bei der Nicolaischen Verlagsbuchhandlung Berlin.

mit retten. Das »deutsche Judentum eins« war stark in die deutsche Gesellschaft integriert und prägte die deutsche Kultur in bedeutendem Maße mit. Eine zwar signifikante, doch fast immer bewusste Aufgabe des traditionell Jüdischen war der Preis. Multiple Identitäten mit starken jüdischen Bezügen auch bei den getauften Juden entstanden als Folge. Das ließ die deutschen Zionisten die gängige Formel von den »deutschen Staatsbürgern jüdischen Glaubens« spöttisch uminterpretieren und von den »deutschen Staatsjuden bürgerlichen Glaubens« sprechen.

Die jüdische Gemeinschaft der Nachkriegszeit (1945–1990) in Deutschland wollte und konnte sich meistens mit dem Land – und mit dem Attribut deutsch – nicht identifizieren. Das war im Fall der Holocaust-Überlebenden und deren Kindern, die meistens aus Polen stammten, verständlich, zumal sie nach eigenen Angaben ein weiteres Mal in der Geschichte des 20. Jahrhunderts mit der Ablehnung seitens der wenigen überlebenden deutschen Juden konfrontiert wurden.

Das ist bei den postsowjetischen Einwanderern anders. Die »Ostjuden« des späten 20. Jahrhunderts wanderten zu der Zeit aus, als dieser Terminus seine politische und wissenschaftliche Korrektheit einbüßte und höchstens einen kontextlosen geografischen Richtungspfeil darstellte. Sie scheinen sich trotz einer starken deutsch-jüdischen und einer noch stärkeren innerjüdischen Entfremdung aus durchaus pragmatischen Gründen für das Leben in einem europäischen Land mit einem guten Sozialprogramm entschieden zu haben – dem ehemaligen Land der Täter. Ihre Vorgänger, die »Ostjuden« der Jahrhundertmitte, die DP, die Holocaust-Überlebenden, die vom Zentralrat der Juden in Deutschland repräsentiert werden, betrachteten das Land seit 1945 und bis in die Neunzigerjahre hinein lediglich als eine Zwischenstation. Das wirkt bis heute nach. »Unsere Koffer sind längst ausgepackt (beziehungsweise immer noch eingepackt)«, »Wer ein Haus baut, will bleiben« und andere Aussagen, die einen schwebenden Zwischenzustand der Juden in Deutschland markierten und bis in die frühen Neunzigerjahre prägend waren, steht heute pragmatisches Handeln der jüdisch-russischen Migration gegenüber, nämlich: Einreisen – Anmelden – Auspacken – Leben.

Deutschland – nach dem Holocaust zu einer unmöglichen Heimat für Juden geworden – wurde zu einer möglichen und bisweilen durchaus erwünschten Heimat für die Einwanderer aus der ehemaligen UdSSR, in der es für die Juden wieder eine Normalität gibt. Eine Renaissance des zerstörten deutsch-jüdischen Lebens, wobei das Wort Leben hier hauptsächlich für die deutschjüdische Kultur steht, ist dagegen unmöglich und unerwünscht. Die Wesensmerkmale des »deutschen Judentums zwei« sind durchaus pragmatischer Natur und haben mit dem Migrationskontext der Neunzigerjahre direkt zu tun. Sie richten sich gleichzeitig gegen die Konventionen des politischen und intellektuellen Postholocaustdiskurses in Deutschland und in Europa. Dass die jüdisch-russische Einwanderung eine 1957 formulierte (und sicherlich leicht romantisch gefärbte) These von Hannah Arendt bestätigt, laut der es kein europäisches Judentum ohne ein deutsches geben könne, ist reiner Zufall: Die politischen Realitäten der Achtziger- und Neunzigerjahre übertrafen die geistesgeschichtlichen Konstruktionen der Jahrhundertmitte bei weitem, ohne jedoch deren zeitlosen Charme zu negieren.

Verwundet bei Smolensk

Ein sowjetischer Soldat wurde im Zweiten Weltkrieg im Kampf bei Smolensk schwer verwundet und litt infolgedessen an Amnesie. Er bekam von den Ärzten Schreibaufgaben, die sein Gedächtnis wiederherstellen sollten, doch er konnte sich lediglich an Bruchstücke der Informationen erinnern. Ein anderer Untersuchungspartner, der Mnemonist, vom russischen Psychologen Alexandr Lurija »S« genannt, konnte nicht vergessen. Er vermochte weder richtig zu lesen noch zu schreiben – andere Wörter und Sinnzusammenhänge entstanden dabei. Eine Herausforderung für »S« war es, sich nicht zu erinnern, sondern zu vergessen. Im heutigen deutschen Judentum trifft die absolute Mehrheit der eingewanderten Amnesiekranken auf die Minderheit der alteingesessenen Mnemonisten.

Die postsowjetischen Juden haben infolge der sowjetischen Geschichte ihr kulturelles jüdisches Gedächtnis verloren. Neben dem Verlust der traditionellen jüdischen Lebensweise – eine Ereigniskette, die vom nationalsozialistischen Genozid zwar brutal abgebrochen wurde, doch de facto bereits in den Zwanzigerjahren im Zuge einer beispiellosen Sowjetisierung des Judentums zustande kam – verloren die Juden in der UdSSR nach 1945 das Gedächtnis an den Holocaust. Von den circa 5,2 Millionen Juden, die 1941 in der Sowjetunion lebten, wurde mindestens die Hälfte von den Deutschen und ihren Gehilfen getötet. Viele verdanken ihre Entscheidung, nach Deutschland auszureisen, in bedeutendem Maße dem Verlust, häufig dem Nichtzustandekommen des Gedächtnisses an den Holocaust. Zugespitzt formuliert: Die Bundesrepublik und der Zentralrat müssten dem Genossen Stalin und seinen Nachfolgern postum einen Dankesbrief dafür schreiben, dass sie die Weichen des Holocaust-Gedächtnisses in der Sowjetunion so gestellt haben. Dies ist ein weiteres (jedoch keinesfalls letztes) Paradoxon der Erinnerungskultur des 20. Jahrhunderts.

Die Vergangenheitspolitik des Sowjetstaates war nach 1945 eindeutig: Die Erinnerung an den Krieg habe »internationalistisch« zu sein und solle die Heldentaten sowie die Leiden des ganzen Sowjetvolkes ohne ethnische Differenzen zum Ausdruck bringen. Man hat in der UdSSR nie betont, dass der Krieg aus Sicht der Nazis vor allem ein Vernichtungskrieg gegen das Judentum war und zu einer Auslöschung des jüdischen Volkes hätte führen sollen. Die jüdischen Opfer des Holocaust bekamen in der offiziellen Erinnerungskultur einen euphemistischen Namen: »friedliche Bürger«. Die Wahrheit über den Holocaust verbarg sich hinter einem immer komplizierter werdenden Code, der von den darauffolgenden Generationen nicht mehr verstanden werden konnte: Und so fehlt bis heute auf dem Territorium der ehemaligen Sowjetunion eine Sprache für die Beschreibung des Holocaust. Die Politik des Scheininternationalismus in der UdSSR führte zu der paradoxen Konstellation, dass jüdische Opfer nicht mehr »allein« erscheinen durften – ihr Erscheinen bedurfte Repräsentanten anderer Nationalitäten als Co-Opfer.

Die Auswanderung nach Deutschland und die Mitgliedschaft in einer der jüdischen Gemeinden hier bot gewissermaßen Zugang in den Klub der Mnemonisten. Als Mitglied in diesem »Klub« schreibt man Deutschland, und es kommt Holocaust heraus. Von dieser Mitgliedschaft haben die Einwanderer bisher nicht oder nur selten Gebrauch gemacht. Doch die Amnesiekranken können kaum an einer gemeinsamen Therapie mit den Mnemonisten teilnehmen. Zumal die Therapiesitzungen mitten am Tatort, dessen Bilder nur langsam verblassen, kaum wirksam sein können.

Sieger

Dabei ist ein Ereignis im intergenerationellen kollektiven Gedächtnis immigrierter postsowjetischer Juden durchaus präsent: Der 9. Mai 1945. Sie fühlen sich nämlich als Sieger im Zweiten Weltkrieg und ihre Kinder und Enkelkinder als Familienangehörige der Sieger.

In der Roten Armee dienten circa 500 000 Juden. Etwa 200 000 sind im Krieg gefallen; 160 000 Juden erhielten Orden und Medaillen. Mehr als 500 Juden wurden zu »Helden der Sowjetunion« ernannt, was die höchste Auszeichnung seitens des Staates bedeutete. Trotzdem hat sich in der Sowjetunion ein antisemitisches Klischee verfestigt, laut dem die Juden den Krieg »in Taschkent«, sprich in der Evakuierung, verbracht hätten.

Die Veteranen des Zweiten Weltkrieges – ob nichtjüdisch oder jüdisch – bekamen in der Sowjetunion und nach deren Zerfall auch in den meisten Nachfolgestaaten materielle Privilegien, die ihr Leben im Alter dort erleichtern sollten. In Deutschland hingegen hat ein jüdischer Sieger keinen Anspruch auf zusätzliche soziale oder materielle Leistungen des Staates. Solche erhalten nur die »Opfer«. Die Erinnerungskultur in den jüdischen Gemeinden Deutschlands wird in Zukunft zunehmend durch ein Ereignis geprägt sein, nämlich den Sieg im »Großen Vaterländischen Krieg«. Das Opfersein – evoziert durch Aufenthalte in den zahlreichen von Nationalsozialisten in der Sowjetunion eingerichteten Ghettos, in der Evakuierung oder in dem von der Heeresgruppe »Nord« belagerten Leningrad – ermöglicht hingegen die materielle Unterstützung in Deutschland.

Die sowjetisch-jüdischen Sieger im »deutschen Judentum zwei« werden weiterhin das Jüdisch-Partikuläre ihres Sieges verinnerlichen und die visuelle Präsenz der Medaillen eines untergegangenen sozialistischen Staates in einem Land gewährleisten, das selbst das

Tragen von Orden (ohne Nazi-Symbolik) erst 1957 wieder erlaubte –
eine Option, die in Deutschland kaum jemand wahrnimmt.

Halacha und Mimikry

Die jüdischen Einwanderer und die Alteingesessenen sind sich bis-
lang selten begegnet. Man könnte denken, dass das Religiöse – oder
genauer: das Synagogale – eine solche Begegnung ermöglichten.
Doch das geschah bisher nicht. Es gibt in der Regel keinen ideellen
und selten einen realen Raum für ein Treffen in den Gemeinden,
in denen das Kontinuum hierarchisierter Vertrautheit – als eine Es-
tablishment-Nähe praktiziert sowie als ein politisch-loyales und kor-
rektes Verhalten deklariert – als Harmonie und Stabilität vermarktet
wird. Dabei wird die Kultur der Ignoranz und der faktischen Nicht-
berührung mit dem/den Anderen »ihrem monotheistisch-abstrak-
ten Wesen nach ubiquitär« genannt und als ein Inbegriff jüdischer
Tradition fehlinterpretiert. Die »kulturlandschaftliche« Prägung der
jüdischen Kultur wird dabei entweder abgelehnt (wie die deutsche)
oder gar nicht registriert (wie die russische).

Die Aktivitäten der Neugläubigen unter den Einwanderern dagegen, oft unter dem starken Einfluss des im heutigen Russland
regierenden und im heutigen Deutschland geduldeten Chassidis-
mus Lubawitscher Prägung (I want Maschiah now!), gehen vielen
Alteingesessenen definitiv zu weit. Im jüdischen Liberalismus begegnet man sich ebenso wenig, da die reformierten Gemeinden und
Gruppen in Deutschland nicht selten auf einer politisch-religiösen
Grundlage basieren, die den weniger in die politischen Geschehnis-
se in Deutschland seit 1968 Eingeweihten unter den Migranten einen mentalen und kommunikativen Zugang wesentlich erschwert.

Die Dominanz der emanzipatorischen Rhetorik und eine pauschale Abgrenzung gegen »DIE Orthodoxen« führt aus der Sicht vieler Einwanderer zum Verlust wesentlicher Inhalte des Judentums, wie auch immer diese Inhalte interpretiert sein mögen.

Das »deutsche Judentum zwei«, so meine Prognose, wird sich religiös in einem hierzulande entstandenen, von den Nationalsozialisten vernichteten und heute in Deutschland kaum vertretenen, konservativen egalitären Judentum vereinigen, das sinnvollerweise Conservative Judaism zu nennen wäre. Dies könnte auch Treffpunkt der alteingesessenen Juden und der Einwanderer werden.

Eine andere Herkunft und eine radikal divergierende kulturelle Codierung der jüdischen Einwanderer aus der UdSSR ermöglichten scheinbar eine traditionelle Migrantenaktivität, nämlich das kulturelle Anpassen mittels Mimikry, dem Imitieren der Alteingesessenen als erster Stufe. Das ist ein kultureller Vorgang, der weit jenseits der inzwischen klischierten Formel »Integration in die Gemeinden« liegt. Doch ein solches buchstäbliches Nachahmen ist für die absolute Mehrheit der Einwanderer nicht denkbar; und dies nicht nur aus moralischen, persönlichen oder ästhetischen Gründen. Der Grund liegt vielmehr an dem im bundesrepublikanischen Judentum fehlenden Kanon: Die Einwanderer können in den jüdischen Gemeinden in Deutschland kulturell und politisch kaum an etwas anknüpfen, was ihnen identitätsstiftend und übernahmewürdig erscheint. Religiös verwirklichen sich die Aktivsten von ihnen nicht selten außerhalb der Gemeinden. Deswegen führt der Weg einer Mehrheit der Migranten in die russischen (Fernseh-)Ghettos, in deutsche nichtjüdische Freundes- und Kontaktkreise oder in die oben erwähnten radikalen Formen des orthodoxen Judentums. Doch das empathische Verständnis für die exorbitante Leere, die sich um die Juden in der Bundesrepublik der Nachkriegszeit ausbreitete, soll und wird für die Einwanderer zu einem ersten Schritt der Begegnung mit den Alteingesessenen werden. Wenn nicht zu einem Schritt der Nähe, so doch zumindest zu einem Schritt des gegenseitigen Mitgefühls im »deutschen Judentum zwei«.

Vor dem Gesetz: Amt Deutschland

In der Politik des heutigen deutschen Staates gegenüber den jüdischen »Kontingentflüchtlingen« sind Elemente der Einstellung des früheren preußischen Staates in Bezug auf die Juden deutlich zu registrieren. Dabei stand die preußische Politik der Findung und Variierung diverser juristischer Statuszuweisungen der jüdischen Bevölkerung – deren »selektive Integration« (Benjamin Nathans) und eine streng hierarchisierte und kategorisierte Skala der Privilegien beziehungsweise der Einschränkungen der Juden – vor allem einer Politik nahe: jener des Zarenreiches. Russland praktizierte seinerseits bis in die späten Achtzigerjahre die Quoten- und Beschränkungspolitik in Bezug auf »seine« Juden – eine Maßnahme, die seit den Zwanzigerjahren von den Ländern Ost- und Zentraleuropas und seit 1933 von Nazideutschland übernommen wurde. Die Emanzipierung des sowjetischen Judentums während der Perestroikazeit in den späten Achtzigerjahren brachte neben der Möglichkeit, die Religion wieder auszuüben sowie auszuwandern, ein neues jüdisches Leben im postsowjetischen Raum zustande und führte gleichzeitig mehr als eine Million Juden nach Israel und circa 220 000 nach Deutschland – in einen ihnen gegenüber wohlwollenden Sozialstaat. Etwa 95 000 von ihnen sind Mitglieder in den Gemeinden geworden, die von dem deutschen Staat mitfinanziert werden.

Der ost- und zentraleuropäische Raum der von den jeweiligen Staaten geprägten Judenheiten schloss sich somit zu einer seltsamen und bestimmt verspäteten Symbiose; und die russische Verwaltungstradition traf zum ersten Mal derart intensiv auf die deutsche. Doch diese Symbiose, und das ist das Novum in der deutsch-jüdischen Nachkriegsgeschichte, ist nicht negativ. Sie ist pragmatisch, konkret und hat auch einen nicht explizit jüdischen Charakter: Die jüdisch-russischen Einwanderer wurden mit einem ungewöhnlichen Status (Kontingentflüchtlinge) versehen, der ihnen den unbefristeten Aufenthalt ermöglichte und die sozialen Leistungen in Deutschland gewährte, auf die bis heute über 80 Prozent der Einwanderer angewiesen sind. Ein allgemeiner juristischer und verwaltungstechnischer Weg wurde benutzt, um eine für Nachkriegsdeutschland besondere Einwanderergruppe aufzunehmen.

Das »Aktien-Kontrollpaket«, das die materielle Basis des jüdischen Lebens in Deutschland beinhaltet, liegt beim deutschen Staat, der ein zwar wohlwollender, aber auch ein vorsichtig agierender Hausherr ist und es bevorzugt, im Falle dieser Migrantengruppe »leise« zu handeln. Dass eine solche Einstellung, nämlich eine »von den Schuldgefühlen und offiziösem Philosemitismus getragene Bevorzugung« der jüdischen Einwanderer in Deutschland, eine ambivalente Angelegenheit ist, wurde schon Anfang der Neunzigerjahre zu Recht registriert. Doch der juristische und verwaltungstechnische Status quo der staatsbürgerlichen Präsenz wird in Deutschland beibehalten: »Das, was in Deutschland der Staat macht, macht hier die Gemeinde«, so der Rabbiner einer der stärksten Gemeinden in den GUS-Staaten.

Man kann behaupten, dass diverse Sachbearbeiter und Entscheidungsträger auf deutschen Ämtern – und nicht etwa die Gemeindemitarbeiter – Hauptprotagonisten dieser Einwanderung auf der deutschen Seite sind. Besonders hervorzuheben ist die Rolle des Exkonsuls der Bundesrepublik in Kiew Kurt Schatz, der für die Annahme der Dokumente und die Entscheidung über circa 40 000 ausreisewillige Personen unter teilweise extremen sozialen und Arbeitsbedingungen im Kiew der frühen Neunzigerjahre zuständig war. Kurt Schatz ging es hauptsächlich darum, als einer der wenigen Mitarbeiter der Botschaft der DDR seinen Job über die Wende zu retten; eine Angelegenheit, die von einer »Banalität des Guten« sprechen lässt und die deutsch-deutsche Geschichte mit derjenigen der jüdisch-russischen Einwanderung verzahnt.

Deutsch-jüdische Kultur. Jedoch eine andere

In ihrem Artikel über das deutsche Erbe in der israelischen akademischen Tradition schreiben Dan Diner und Mosche Zimmermann über die Nachkriegszeit, dass dieses Erbe zwar »unsichtbar« geworden, aber nie komplett verschwunden sei. Die deutsch-jüdische Kultur in Deutschland – umgekehrt – wurde am Ende des 20. Jahrhunderts zwar in den diversen Bauten und Mahnmalen sichtbar, verschwand jedoch nahezu vollständig mit dem Ableben letzter Repräsentanten des »deutschen Judentums eins« – der Judenheit der Vorkriegszeit.

Die deutsch-jüdische Kultur der Vorkriegszeit ist jedoch paradoxerweise mit den postsowjetischen Juden miteingewandert: Die Gesamtausgaben von Goethe und Heine, Thomas Manns *Joseph*-Trilogie, die Werkausgabe Feuchtwangers, die Romane von Kafka und Hesse kamen als identitätsstiftende Faktoren für Hunderttausende sowjetischer Juden mit nach Deutschland – allerdings auf Russisch. Dasselbe geschah mit den Bildbänden über die Romanik und Barockbauten der deutschen und europäischen Städte, die in der Regel als Bestandteile der Privatbibliotheken nicht aufbewahrt wurden, da sich nun die Möglichkeit bot, diese Städte und ihre Museen zu bereisen. Das »deutsche Judentum zwei« besteht überwiegend aus den Liebhabern deutscher und europäischer Kultur, die – je älter sie sind – auf die Sozialleistungen des deutschen Staates angewiesen sind. Das ist eine Besonderheit der jüdisch-russischen Einwanderung des späten 20. Jahrhunderts: Nicht wenige sind gekommen, um ihre »Sehnsucht nach Weltkultur« (Formel des Dichters Osip Mandelschtam) zu stillen. Dies aber mithilfe des deutschen Sozialsystems Bismarckscher Prägung.

Die Konstellation, die die Migranten in dem aktuellen Diskurs um das Judentum in Deutschland vorgefunden haben, hatte mit der ersehnten Kultur nicht viel zu tun: »Vielleicht lebte Gott nicht mehr, doch in ihren dunklen Uniformen waren die Herren der Finsternis für alle gut zu erkennen ... Vom auserwählten Volk des jüdischen Gottes waren die Juden zum auserwählten Volk der Nazis geworden ... und dadurch zum auserwählten Volk des Westens«. Doch die »Russen« unter den Juden Europas sind nicht zum auserwählten Opfervolk des Westens geworden, da die Grenze zum Bug und der Eiserne Vorhang, die während des Kalten Krieges zu Trennlinien des mental und kulturell Wahrnehmbaren für den Westen wurden, sie davor bewahrten. Die postsowjetisch-jüdischen Einwanderer spielen heute auf der Klaviatur der ost- sowie der westeuropäischen Kultur und sind für jüdische Inhalte beider Kulturen offen. Eine solche Ausgangslage bietet eine große Chance für das »deutsche Judentum zwei« – und für Deutschland.